글벗시선158

공존의 강

정재대 시집

머리글

그대 옆에 책과 함께 있다면

시인의 길은 보이지 않는 캄캄한
어둠 속을 걸으며
하얀 여백을 메우는 것이니
조금 느리게 때론
조금 돌아가도 서운타 않을 듯합니다.
언제 어디서나 단순한 재미를 포기하고
시 한 편이라도 읽으려고
책을 가까이하며
긍정적인 사고를 지니려고 노력하는 것이
스스로 발전을 꾀하는 것이니
욕망에 대한 걱정거리를 덜어내면
몸도 마음도 편안해질 것 같습니다
천착하는 많고 많은 시인 중에
나 하나 빠져
잊혀져 가는 존재가 될지라도
하룻밤을 샌 글로 떠들지 않을 것입니다.
높은 산처럼 보이는 것보다
조붓한 들길을 걷는 평범한 사람이고 싶습니다.
별것도 아닌 인생

대단하지도 않은 삶을 살아도
타인의 가치관을 배우며
살아가는 것이 진정한 참삶이니
귀천에 뜻을 두지 말라는 것이 아닐는지요,
실패와 성공, 기쁨과 슬픔 모두
집착에서 오는 삶의 무게이니
무소의 뿔처럼 혼자서 가는 것입니다
속세에 해탈하고 사는 이 없듯
많은 것을 보며 돌아가는
덧없는 인생길에
오욕락을 맛보지 못했더라도
절요하지 않아도 될
진실하고 따뜻한 친구
편안함을 주고 가식적이지 않고 허물없는
진정한 친구하나
그대 옆에 책과 함께 있다면
삶은 외롭지 않을 것 같습니다.
간결하지 못한
졸문을 함께해주셔서 감사합니다.

2022. 1. 3. 저자 정재대

* 천착穿鑿 : 구멍을 뚫음. 어떤 원인이나 내용 따위를 따지고 파고들어 알려고 하거나 연구함.
* 절요折腰하다 : 절개를 굽히고 남에게 굽실거리다. 꾀하다, 어떤 일을 이루려고 뜻을 두거나 힘을 쓰다

차 례

공존의 강

정재대 시집

어린이

보배들아
황금가면의 집을
외면 한 채
궁핍한 가정에
총명하게 태어났으니
무탈하게
잘 자라면 족하며
배움은 끝이 없으니
후일 입신을 못 해도
게을리 하거나
포기를 해서는 안 된다.
베일의 호수에
연꽃이 피듯
근학으로
어진 선비가 되면
가면을 한
고관대작 못지않으리라

공존의 강

순백의 생명의 근원
숨김없이 품어 흐르는
공존의 강에
보고 들은 삿됨을 버리고
눈을 씻고 귀를 씻고
더러운 입을 씻고
사악한 마음도 씻은 채
생각을 갈고 닦아
가슴 아픈 일들 모두 잊고서
사심 없이 흐르는
공존의 강을 바라보며
수유사덕의 인의예지를 일깨워
사노라면 후회는 않으리라
변화무상한 인생
위의를 갖추지 않고
분노와 질투를 앞세워
고집을 부린들 거짓과 진실을
바로 보는 안목이 없다면
구차하게 굴지마라
편녕을 앞세웠던 절절한 옛 사연
세월이 가면 잊힐 테니

세상사 힘들고 억울해도
너와 나 구별 않고
층하를 두지 않는 물처럼
상생과 상승의
온정적인 인간으로 살다
어려운 구비마다
고비마다 힘을 내어
풍진 세상 역겨워도
고운 마음 한켠에 악을 쌓지 말고
맛을 지니지 않은
티 없이 맑고 깨끗한
공존의 강에 속 시원히 흩뿌려 휘휘저어라

* 위의威儀 : 위엄이 있고 엄숙한 태도나 차림새.
* 편녕便佞 : 말로는 모든 일을 잘할 것 같이 하나 실상(實相)이 없음.

낙동강

태백의 정기를 머금고
황지 너덜 샘에서 솟아

강촌 굽이굽이
천고의 사연 엮고 꿰며
고을마다 젖을 먹이니

밤이면 미물의 울음뿐
고요히 잠이 들고

칠백 리 먼 길을
세월과 함께
유유히 흐르는 쉰 새벽
물안개 피어나 자욱해지니

조약돌 세수를 하고
풀잎에 영롱한
이슬 맺힐 즈음 여명이 밝아오니

옥토를 가꾸며
오죽의 마디처럼 툭툭 불거진

삶의 애환을
구포의 거친 파도로 띄워 보낸다

* 천고千古 : 아주 먼 옛적, 아주 오랜 세월 동안

삶

부모의 몸을 빌어
세상에 태어나

들숨 날숨으로
잇는 실낱같은 목숨

본능의 생득을
막을 수 없어서

의식주 해결하려니
만사가 일어

보고 들음에
분별의 욕심 생기고

생각과 마음이
선과 악을 자아내어

육신을 움직임에
시비가 생기니

품행을 곧게 하여
남의 눈에 나지 말고

고결한 품격의 경앙 속에
참삶을 살다 가세

* 생득生得 : 태어날 때부터 선천적으로 갖추고 있는 능력.
* 경앙敬仰 : 공경하여 우러러봄.
* 경앙景仰 :덕망이나 인품을 사모하여 우러러봄.

비련悲戀

마로니에서 꾸었던 꿈
잊혔겠지만

그리움 속에
사는 사람아

삼경 사경
밤은 깊어 가는데

그대 모습 가물거리지 않고
점점 삼삼해진다오.

이 밤
어이 하리오

가슴 속에 담은 말
끝끝내 마저 하지 못한 채

문득문득 그리워도
불쑥 찾아갈 수 없는 임이여!

움 돋듯 돋는
그리움 어이 하리오

그대를 품은
고운 마음 어이 하리오

설익은 꿈 미소 속에 남겨 놓고
붉은 낙인이 찍힌 채

잊지 못하는
방촌方寸에 사는 사람아

* 비련悲戀 : 슬프게 끝나는 사랑. 애절한 그리움.
* 방촌方寸 : '마음이 한 치 사방(四方)의 심장(心臟)에 깃들인다'는 뜻으로, 가슴 속, 곧 「마음」을 뜻함

송인

나룻배 오고 가는
삼강나루

병풍을 두른 듯한
산은 녹음 짙고

미루나무 우듬지에
선음이 그윽한데

나룻배를 타고
떠나는 임 언약이 없어

손을 흔들든 아낙의 눈에
시린 눈물 맺혀

달지 모퉁이
산기슭에 멈춘 시선

언 강물 녹아 흐르는
봄꿈을 꾸지만

그대 타관의 삶 외로워
해어화를 찾겠지

어쩌란 말이오
금조 귀뚜리 우는 밤마다

이별이 서러워
흐르는 눈물은 어쩌란 말이오

학인의 끝은 올곧게 행함이니
세사에 미혹되지 말고

어느 곳에 머물지라도
고향을 잊지 마소서

* 미혹迷惑 : 무엇에 홀려 정신을 차리지 못함. 정신이 헷갈리어 갈팡질팡 헤맴.
* 학인學人 : 배우는 사람이라는 뜻으로, 학자나 문필가가 아호(雅號)로 쓰는 말.

소망

오늘은
따뜻하고 평화로운
마음으로 모든 것을 비우고
너에게 호감을 느껴 본다.

혹한에
얼음 밑을 조용히
흐르는 물처럼

조건 없이 바라보는
변함없는 인연
하늘이 낸 운명인 양
허허로운 공간의 좋은 친구 되어

언제나 반가운
널 기다리며

귀하고 소중함
지혜롭게 이어가
어느 곳에서도 함께할 수 있는
아주 멋진 친구이고 싶다

마음이 아름다운 인연이고 싶다

고향

세 산맥 끝자락에
삼단 수 변함없고

나루터
주막에는
술 향이 그대론데

이오가 끊어지니
접빈할 선비 없고

가멸에
눈이 멀어
선대 뜻 저버리니

오가는
가납사니
안주를 뜯듯 해도

삼삼한 고향 옛 벗은
소식조차 없누나

* 이오咿唔 : 글을 읽는 소리 가멸'부'를 예스럽게 이르는 말
* 가납사니 : 쓸데없는 말을 지껄이기 좋아하는 수다스러운 사람.

가을 연가

오동통 살 오른
애마를 타고 가을 들녘을
달려오며 백발홍안을 비추던
희망의 빛은
프리즘 되어 흔적 없고

허무함 가득 빈들을 서성이다
볼을 스치는 찬바람
살며시 잡아 새고자리에 묶은 채

포강에 빠진 달 건져 짊어지고
논길을 타래타래 걸으며
골 깊은 한숨 소리 끝이 없고

도랑에 흐르는 물소리 차기가
연모의 정 없는
님의 잔소리 같은데

다리를 지탱하며 걷던
지게 작대기에
살며시 걸터앉은

그윽한 국화 향으로 시름을 달래다

달빛 어린 하얀 길에
구르는 갈잎
안중에 없이 밟으며
춘삼월 매탁한 설매를 찾아간다

* 새고자리: 새뿔, 지게 윗세장 위의 가장 좁은 사이,지게 뿔다구
* 연모戀慕 : 이성(異性)을 사랑하여 간절(懇切)히 그리워함
* 포강 : 천수답이나 밭 등에 움푹 파여 물이 고이거나 지하수가 솟아 고여 있는 둠벙보다 조금 큼
* 매탁媒託 : 미리 굳게 언약함. 또는 그런 언약.

아이야

아이야! 너는
배려와 용서를 모르고

청맹인 듯
제 허물은 보지 못한 채

삿된 생각으로
자신의 뜻을 위해

한만 남은 지난날을
돌이켜 보지 않고

말과 행동이 다른 삶을 살며
붉은 허리띠가 시린

우리가 사는
반쪽의 뜰을 도탄에 빠트리는
모리배 짓을 하며

나라를
사랑할 줄 모르는

겉과 속이 다른 어른

아이야! 너는 이런
어른은 닮지 마라

아이야! 너는 후일
이런 어른은 되지 마라

* 언행불유(言行不類) : 말과 행동이 같지 않다

산다는 것

일상이 힘이 들어
궁벽한 요람에서 잠에 빠진
고단한 숨소리에
동지 긴 밤의 허리를 잘라
봄내음 가득한
유토피아의 행복한 한낮의 꿈을
이어주고 싶은 마음의 소리
그대에게 들리나요,
미안한 마음으로
잠든 머리맡에서 어쩔 줄 모르는
못난 난 어쩌라고
세월아 넌 어딜 가고
세상아 넌 왜 그르며
망설이는 행운아 넌 아니 오고
무얼 하고 있니
난 어쩌라고 못난 난 어쩌라고
모두가 니뿔 내뿔
몽니를 부리듯 미시감을 느끼게 하니
바보 같은 난 어쩌라고
저물어 가는 인생
어느 도서관 구석에 처박힌

장서만큼 깊고 긴 질박한 이야기
털어놓지 못한 채
가슴에 담아 절이고 있는데
산적한 일 어쩌라고
신세 진 일 어쩌라고
알면서도 모르는 듯
보고도 아니 본 듯 돌아서 있니
생각이 좋으면
삶이 고와진다는 말만 남겨 놓고
왜 아무런 말이 없니
왜 왜 대답 없이 때 글을 쓰게 하니
그래, 그래 이제라도
나의 스승은 너와 내가 아닌
책과 노력이니
좋은 생각 참마음으로 살아보리라

* 미시감未視感 : 평소 익숙했던 것들이 갑자기 생소하게 느껴지는 현상 때 글, 글이 잘 안 써질 때 글을 쓰는 일

야화

사랑으로 짊어진
삶의 빚
다달이 탈탈 털어
절규하듯 틀어막다
후목 같이 쓰러져
구름이 가린 달처럼
빛을 잃은 무능함으로
세월과 맞서
죽지 부러진 새처럼 파닥이다
산산이 부서져
사금파리가 된 신뢰가 싫어
소쩍새 울음 듣고 흘리며
별빛 따라
멀어져 간 님 그리워
벌거벗은 채
책상머리에 앉아 창호로 스민
울밑 봉선화 향으로
한여름 밤에 핀
사랑하나 꺾어 덮는다

* 후목朽木 : 썩은 나무

초량初凉

복더위 긴 꼬리
주렴에 걸려 살랑이는데

초량의 길목
회오리바람에

작별도
하지 않은 갈잎

파란 하늘가에
지연처럼 홀로 나니

오늘은 하늘이 지닌
천이가 왠지 밉다

* 주렴珠簾 : 구슬 따위를 꿰어 만든 발.
* 천이天耳 : 하늘의 귀. 세상 사람의 일을 듣고 안다고 한다. 색계의 제천인(諸天人)이 지닌 귀. 육도六道 중생의 말과 모든 음향을 듣는다고 한다.
* 初凉초량 : 첫가을. 가을이 시작되는 첫머리
* 紙鳶지연 : 연(鳶). 종이에 댓가지를 가로세로로 붙여 실을 맨 다음 공중에 높이 날리는 장난감

나눔

고운 마음을 지닌 자
남은 밑천이 본심이라

개똥밭에 굴러도
나눔엔 웃음이 늘어나고

이타심이 없는 이기주의자에겐
갈등만 늘어나며

부생 탓하기 전에 회향해도
내 공덕 줄지 않고

재자를 가르쳐도
학문은 줄지 않으며

마음은 물 쓰듯 해도
줄지 않으나 좋은 일에 써야 하고

가진 것을 나누면 재물은 줄어도
행복과 즐거움은 배가되며

배려와 용서는
추구하는 참모습이니

고운孤雲처럼 살지라도
그들마다 희색이 만면하리라

* 부생浮生 : 덧없는 인생.
* 회향回向 : 자기가 닦은 공덕을 중생들에게 널리 베풀어 깨닫도록 하는 것을 말합니다.
* 만면滿面하다 : 얼굴에 가득하게 드러나 있다. 희색이 만면하다. 사람이 기뻐하는 빛이 얼굴에 가득하다.
* 고운孤雲 : 외로이 혼자 떠 있는 구름. 가난하고 어진 선비를 비유적으로 이르는 말.

가을

조석 상풍에
갈 마당
비질할 일 없어 괴로운데

물드는 풀잎에
풀벌레 띄며 날고

변방의 석양
실없이 서산을 넘으니

봉창에 올려놓은
촛불 외로워 울 제

달빛 어린 뜰에
귀뚜리 우는소리가

죽간의
시를 읊는 듯하네

* 죽간竹簡 : 대나무 조각을 엮어서 만든 책.

까치밥

앙상한
가지 끝에
대롱대롱 까치밥 정

설한에
꽁꽁 얼어
콕콕 찍어 맛만 보니

허기진 온갖 잡새
들고 날고 분주한데

먼 하늘
황조롱이
독기 품고 내려보니

혼비백산 포롱포롱
눈 깜짝할 새 사라진다

본심本心

세속世俗을 따라도
마음은 감정과
생각을 일으키니

타인을 비평할 시간에
본인이 리더가 되기 위한
노력을 하고

무지의 베일에서 벗어나
덕을 쌓으며
용서와 배려를 실천하고
늘 고운 언행을 하되

수하手下는
많이 아는 사람보다
마음이 어질고
지혜로운 사람을 선택할 것이며

군자는 될 수 없으나
도리를 본받고

걸림이 없는 요산요수를
좋아하며 살다

혹 말년에 품팔이를 하며
천혜天惠의 삶이 아닌
천형天刑의 삶일지라도

참마음을 지닌 삶이
부끄럽지 않으리라

* 세속世俗 : 세상의 풍속
* 천혜天惠 : 하늘의 은혜(恩惠)
* 천형天刑 :하늘이 내리는 큰 벌.
* 재상평여수財上平如水 인중직사형人中直似衡 : 재물은 평등한 물과 같고 사람의 바른 마음은 저울과 같다'는 뜻

윤회

아이야!
너는
먼 길을 돌아와
새것을 얻어서 좋고
나는
먼 길을 돌다 가며
낡은 것을 버려서 좋다
우리
아등바등 살지 말자
빈 몸으로 왔다가
희로애락
눈과 귀에 담고 가면 되었지
박주산채에
일구일갈이면 어떠랴
취하고 버리는
분별의 생각을 일으키지 않고
적멸에 들면
초혼招魂을 하고
노잣돈 삼천 냥 입에 물고
주머니 없는 옷 한 벌
얻어 입고 가더라도

헛헛해 하지 말자
어차피
세세생생
빈손으로 오갈 텐데
바랄 것이 무엇이 더 있다더냐

* 적멸寂滅 : 사라져 없어짐. 곧 죽음을 이르는 말이다.
* 일구일갈一裘一葛, 한 장의 갖옷과 한 장의 베옷이라는 뜻으로, 매우 가난한 살림을 이르는 말.
* 갖옷 : 짐승의 털가죽으로 안을 댄 옷.

주인 없는 꽃

인생길 고해의 길이라고
만사를 내려놓고
욕심 없이 산다는 건
살아도 죽은 것입니다,
인생사 정해진 바 없다 해도
선택의 여지 없는 황혼길 면할 수 없어
풍진 세상에 맞서
평종을 접지 못하고
세상의 비난을 듣고 흘리며
세월의 길목에 피를 흘리는
가엾은 초로에게
그대들의 가슴에 흐르는
따뜻한 갈채를 보내니
괴는 마음에 힘입어
타관에서 얽힌 지난 일들을 잊고
현실과 운명에 순응하는 삶을 살다
잔년을 헤아리며
용서와 배려하나 짊어지고
별이 쉬어갈 소천도 없는
안개 낀 예순령을 넘으니
무지막지한 세월 인정사정 두지 않고

숨 가쁜 세상사
아다다에게 마수걸이하듯 지나가니
화수분 하나 묻어두지 못한 채
황혼빛 물던 종심이 코앞이라
쓴웃음을 웃을 때
뭇 사람들은 나를 보고
힐끔힐끔 쳐다보며 피식피식 웃어도
인생사 치열함이 부족해
이루지 못한 알싸한 감정
잿빛 가슴에 묻었으니
주인 없는 꽃으로
욕망에 사로잡혀 엮이지 않으리다.
근심과 괴로움은
고통을 불러들여
자신을 소유하러들 것이니
수국의 헛꽃만도 못한
꿈과 사랑, 야망에도 매이지 않으리라
사람이 깊으면 인의가 따르나
권력과 재물은 물과 같아야 하니
계영배를 빗는 마음으로
채우려 하지도 않으리라
일신의 안위를 위해 살지라도
이보다 의를 쫓으며
행복을 찾아 나서지 않고
차라리 눈에 띄지 않는 발밑에 행복을 키우리라

소천을 찾는 새처럼 울지도 않으리라
운명은 만들어 가는 것이니

*인의仁義 : 인과 의. 어진 것과 의(義)로운 것

*계영배戒盈杯 : 술을 많이 마시는 것을 경계(警戒)하기 위(爲)하여 특별(特別)히 만든 잔. 술이 어느 한도(限度)에 차면 옆으로 새어 나가도록, 잔 옆에 구멍을 뚫었음.

* 화수분聚宝盆 :재물이 계속 나오는 보물단지. 그 안에 온갖 물건을 담아 두면 끝없이 새끼를 쳐 그 내용물이 줄어들지 않는다는 설화상의 단지를 이른다.

천국

내 삶의 언저리에
가난한 이웃과
늙고 병든 자들이
예수님이요
부처님이니
무릎 꿇고 두 손 모아
기도와 절을 하며
간절히 찾지 마라
행복과 고통이 공존하는
이곳에 천당 지옥 있으니
힘자라는 만큼
성심성의껏
나누고 베풀며 성정대로
올곧게 행하는 그대
고운 마음속에
예수님 부처님 있고
삶 속에 천당 극락 있으나
본질을 깨닫지 못한
우매한 중생들이
누가 누구를 인도한다는 말인가
죽어서 가려 말고
사는 동안
천국 같은 이곳에서
예수님 부처님처럼 살다 가세

* 성정性情 : 성질과 심정. 또는 타고난 본성.
* 우매愚昧하다 : 어리석고 사리에 어둡다.

채전밭

불덩이 같이 작렬하는
너의 품에서
채전밭을 갈던 황소
긴 혀를 늘어뜨린 채 헐떡이고

검은 살빛, 목밀 같은
얼굴에 흐른 땀
연신 훔쳐 흩뿌리며
밭갈이에 여념 없는 아배의
카랑카랑한 목소리
아지랑이 춤추는 들녘 적막 깰 때

미루나무 우듬지에 여린 잎새
찌는 훈풍에
얄랑이다 파르르 떤다.

복더위 긴 꼬리
서산마루 고목에 걸릴세라
조바심을 내다
매미 낙위의 쉰 울음을 들으며
뉘엿뉘엿 서산을 넘어도

열기가 식지 않는
서하의 밤
뙤약볕에 놀란 누렁이
초가지붕 박을 보고도
혀를 빼물고 헐떡일 것 같은
여름날의 발악

워낭소리 멎을 즈음
밭갈이에 지친 아배
모깃불 피워놓고
들마루에 누워 부채질 가없더니
장독대 돌 틈에
숨어 우는 귀뚜리 소리 듣고 흘리다
결실의 꿈속으로 떠난다

억기 선황당

진산 억기 선황당에
낙락장송 흔적 없어 산마루에
홀로 앉아 무릉도원 같은
육허六虛를 바라보며
억기憶起의 상염에 잠겨
긍정과 부정으로 각인된 추억 속으로
달음박질친다.
승리의 쾌감과 좌절의 절망으로
고뇌가 녹아있는
각양각색의 얼룩무늬들의 다양한 면모엔
비천한 기억 속 천박한
상상이 남아 하늘거리고
방황과 착오 끝에 찾은
희망의 끝엔 분투와 노고의 기쁨
모험과 도전의 성취를
경험하며 깨달은
미미한 지혜 남아 깜박이는데
어이 쉬 버리고 잊으랴만
기억의 창고에 싸인
험난한 삶 속에서 건져 올린 사연들은
빛을 잃었어도

상상의 꽃은 화려하거늘
가슴 속에 사는 그리운 사람들아
얽히고설킨 삶 풀 길 없어도
행복한 사형수처럼 남은 삶
건듯건듯 부는 강바람
백발을 빗기는 낙동강 기슭
그리운 고향에서
추억을 돌이키며 삶을 영위하련다

* 육허六虛 : 천지(天地)와 사방(四方)
* 억기憶起 : 연상(聯想)에 의(依)하여 과거(過去)의 경험(經驗)을 마음에 불러일으키는 작용(作用)
* 연상聯想 : 하나의 관념(觀念)이 다른 어떤 관념(觀念)을 불러일으키는 심리(心理) 작용(作用)

용서

탁월한 재능과
지혜를 타고나지 못했어도
환난患難 속에
얻은 것이 있다면
사리를 알아야 하고
잘못한 일은
뉘우쳐 부끄러워하는 마음을
가질 줄 알아야 하며
가난해도
의로움을 잃지 말고
잘되어도
도리를 벗어나지 않아야 하며
생각이 옳다면
누더기를 걸친
가난한 선비를 두려워하지 마라
아름다운 용서는
고귀한 사랑이다
세상의 이치 모두
마음속에 있으니
남을 용서하는 마음으로 살면
마가리의 삶도

부끄러움이 없을 것이며
행복한 가정은
물질이 아닌 마음으로
완성되는 것이니
내 어이
눈 덮인 길을 바로 걷지 않으리

* 환난患難 : 근심과 재난을 통틀어 이르는 말. 모든 인간들이 인생을 살아가면서 겪는 삶의 고통

꿈

개다리소반에
박주산채가 싫어 청운의 꿈
펼쳐 보이며 조르던 님

들국화 한들거리는
들길을 따라 한양에 가 갖은
고초를 겪겠지만

고향엔 산 제비 나는 봄 이와
고운 꽃 흐드러졌다 지고
복더위 주렴에 걸려 검게 탄 객을 반기니

선음이 잦아들어
너덜너덜한 합죽선 팽개치며
고단한 숨 몰아쉬니
덜렁거리던 쇠불알 쪼그라들고

귀뚜리울음 다듬이소리
가을걷이 재촉에
한양 간 님 소식 끊겨 미워도

시부모 봉양하며
길쌈에 여염 없지만
가을밤은 길기만 한데

창호를 비추어 함께 보던
달마저 기우니
외로움에 젖은 모습 전할 길 없어
임 모습 더욱 삼삼해지네

임이여!
이루지 못할 꿈이라면
화양연화 바라지 않을 테니
가슴에 품은 꿈 팽개치고 돌아오소서

* 박주산채薄酒山菜
1. 맛이 변변하지 못한 술과 산나물.
2. 자기가 내는 술과 안주를 겸손하게 이르는 말.
* 마가리, 오두막집
* 화양연화花樣年華 : 인생에서 가장 아름답고 행복한 순간을 표현하는 말

낙엽이 가는 길목에서

뇌리를 떠나지 않는
그대에게
황국의 그윽한 향을 맞으며

농염한 선홍빛 갈잎 접어
퇴색한 글을 남기니
뜨거운 눈물 볼을 탄다.

정과 사랑 저만치 두고
살갑게 대하지 못했는데

삭풍이 가랑이를
휘익 지나가니
따뜻하던 가슴 몹시 시리다.

보고픈 마음 갈잎 나부끼는
그대 창가에 엉거주춤 서성이다
돌아서는 바보

언제나 넉넉지 못한
허물 벗어 던지고

따스한 마음으로 그대 맞으리.

낙엽 지는 길목에 서서
시린 가슴 설레니

강남으로 가는 금조야
춘삼월엔 잊지 말고
고운 행운 가득 안고 오거라

가슴앓이

그대를 가슴에 담고
숫기가 없어
가까이 다가가지 못하고

얼마나 아파하는지
먼 하늘별처럼
그대는 모릅니다

외사랑에
가슴앓이하며
말 한마디 못 건네어
불꽃 같은 사랑 피우지 못한 채
가슴 속 깊이 묻은 그대
삭지 않고

가슴 한켠에 매여
잔잔한 물결처럼 일렁이니
고운 마음
늘 그대 찾아 떠나가고

빈 육신뿐

내겐 아무것도
남지 않았으니

바보 같은 자신이 미워
미칠 것만 같은 나날
치유할 길은
그대뿐 명약이 없나이다

먼 훗날

그리움이 병이 되어
심산을 뒤지다가
그대가 명약이었기에
애타게 불러도
메아리만 허공을 나니

목메어 부르다가
남이 되기 싫어
임이 되어 헌신하며
낭인의 사랑의 눈빛을
기다림이 오만이였던가

마음과 감정
좋은 곳엔 마음껏 꺼내어
쓰라고 했는데

아는지 모르는지 무심해
혜안 없이 애민한 죄로
참다가, 참다가
자그락거리지 못하고
흐르는 눈물 훔쳐 허공에 흩뿌리며

어금니를 지그시 문다

떠나리라 잊으리라
내가 잊으리라
먼 훗날 그대가 찾으면
자신을 이기지 못해 잊었노라고
이젠 내가 잊었노라고

* 낭인浪人 : 일정(一定)한 직업(職業)이 없이 떠돌아 다니는 사람
* 혜안慧眼 : 사물을 꿰뚫어 보는 안목과 식견
* 애민愛憫 : 불쌍히 여겨 사랑함.
* 자그락거리다 : 하찮은 일로 옥신각신하며 다투다.

아낙

천사 같은 마음으로
사랑으로
지음의 곁에 머물며

헌신만 해야 하는 삶에 지쳐
미움이 움트니

머리카락 잘라
미투리 삼던 심정 간곳없고

서리 맞은
잎새 모습을 한 채
미소를 잃은 아낙네여,

손가락 걸든 마음
가르마처럼 가르려 마오

사랑 두고 정을 두고
떠나려 마오.

기쁨 나눌 곳 없고

슬픔 함께 할이 없는

뒤웅박 팔자인
아낙의 신세
가시밭 꽃밭 어디 가면 다르리오

* 지음知音
1. 음악의 곡조를 잘 앎.
2. 새나 짐승의 울음을 가려 잘 알아들음.
3. 마음이 서로 통하는 친한 벗을 비유적으로 이르는 말.

내일

풍진 세상을 만나
아인雅人의 격을 팽개치고
느꺼움을 참으며
세상과 맞서 싸우다

성성한 백발 오니
인중에 주름 잡히고
허린 활처럼 휘어

의관을 정제한 채
명아주 집고 볼품없이
골목길 나서는 서글픔을
어찌할까,

자연스러움을
받아들이지 못하고
내려놓지 못하니

마음은 점점 초라해지고
외롭고 쓸쓸함은 쌓여만 간다

긴 한숨 끝에
십 년만 젊었으면
넋두리처럼
되뇌며 내뱉던 말씀

이제 알았네.
종심이
코앞에 당도하니 이제 알겠네

* 아인雅人 : 교양이나 품위가 있어 고상한 사람.

하지

물안개 드리운
아득한 동녘 수평선에
선홍빛 앳된 얼굴 솟아
심술부리다

설핏한 노을빛에
쓰러져 잠이 들면
별들의 속삭임에 귀 기울이다

알싸한 옛 얘기에
눈물지을 때

설움을 씻기는
스치는 바람
노루 꼬리 같은 밤을 휩쓰니

곁에 있는 듯하던
온갖 것 다 흩어지고

그 자리엔
무미건조한 삶뿐
오늘도
뽀송뽀송한 여명이 밝아온다

* 무미건조無味乾燥 : 재미나 멋이 없이 메마름.

가시연

가시 돋은 투구를 벗으며
숨겨둔 속살 살풋 드러낸
보랏빛 꽃잎의 매혹

화려한 너의 자태에
걸음을 멈춘 소객은
은은한 향과 아우라에 취해

평온한 마음 꿈속인 듯
풍미에 젖어 수변에 떠오른 널
손 내밀어 잡으려도

천상의 꽃 인양 잡을 수 없어
두고 온 너 보고파
다시 찾아가려도
세파에 젖은 나래 펼 수 없어서

장천을 떠도는 구름에게
그리움만 띄워 보낸다

나그네(1)

가을 하늘 높고 푸르니
폭우로 한풀이를 한
헤실헤실한 흰 구름 흩어져
홍취鴻毳처럼 떠다니는데
찬 이슬을 머금은 심산
갈잎은 붉게 타고
빗장을 풀어 젖히고 울든 선음
너덜너덜한
합죽선을 든 아우성을
오롯이 견디고 핀 들국화 옆에서
서걱이는 억새의 흰 물결은
쓸쓸하기만 하고
코스모스 한들거리는
이름 모를 텅 빈 나루
길손을 잃은 배 한 척을 보니
낙동강 기슭
고향 생각이 나네.
돌담을 넘는 다듬이소리
허리 휜 농부 가을걷이 재촉할 제
창공을 가로지르는
고홍은 두려움이 없고
외울 음은 설한의 개골산을 넘을 듯한데
공음은 가을을 걷는
나그네 발길을 재촉하네

* 홍취鴻毳 : 기러기 솜털

운명

삶 속에 필연처럼
오고 가는 고난과
어려움 없길 바라지 말고
적은 일 큰일 구별 말며
힘이 들더라도
굴복하거나 체념도 하지 마라
사랑과 이별 만사가 약속해도
때가 되어 오고 가는
시절 인연이니
싫어도 내 것이고
좋아도 내 것이다
운명이라면 웃으며 받아들이고
이루지 못해도 허무타 마라
그 또한 필연적일 수밖에
없었던 것이라면
좌절도 하지 마라
땅에서 넘어진 자
땅을 짚고 일어나야 하니
허허, 웃으며
털어버리고 다시 하라
그대의 삶
찰나의 만족보다
땀으로 극복한 희열을 맛보리라

낭인浪人

코가 성근 망태에
풋풋한 꿈을 담아 짊어졌다
곡절마다
하나둘 사라지고

세상을 등진 채
좋은 것을 취하지 못한 것은
무위자연의
삶을 만끽한 때문이며

아름다운 것은
그대로 두고 보는 것이
좋다는 것을 알았고

가지고 싶어
가까이 두면 오만가지
사성을 쌓기 때문이다

황홀한 욕망의 꿈
누군들 꾸지 않았으랴만
구름 같은 생멸 속

만유를 탐하지 마라

인연 따라 생긴 것은
멸진할 것이니
낭인처럼 살다 간다고 해서
존재를 탓하지 마라

독야獨夜

가을비 오락가락하는
쓸쓸한 가을밤
오동잎에 이는 바람에
옷깃을 여미는데

귀뚜리 짝을 찾는
애절한 울음은
끊어질 듯 이어지고

빗속을 가로지르며 우는
왜가리 이별 울음
처량하기 그지없다

귀뚜리 날갯짓에
살풀이춤을 추는 촛불 아래서

시선 시성을 생각하며
시어를 찾던 소객은
붓끝에 날을 세우다

창호에 어린 여명에

태산준령에 타오르는
가을 정취를 보면서도
가슴을 뛰게 할
시어를 찾지 못함을 아쉬워하며

재주를 다 펼쳐도
감흥이 없는 글에 자신을 탄하며
날이 선 붓끝으로
백발이 성성한 머리를 치고 만다

망우리 고개

쪽빛 하늘 홍취 같은
흰 구름 그늘에서
선들바람 쉬어 넘을 제

한 많은 넋
구절초 들국화로 피어

한들한들 반기는
망우리 고개를 넘으며
아차산을 쳐다보다

흰 구름 일던 곳
한 폭의 그림 같아
걸음을 멈추고 바라보니

파스텔 톤
물감을 흩뿌린 듯한 갈잎은
봄꽃보다 아름답고

귀뚜리 쉰 목소리
곡성처럼 낭자한데

오욕락을 즐기다
마음은 회색빛 도시에 두고
몸만 떠나는 나그네처럼

창공을 나는 산 제비 울음은
만해의 청담인가
슬퍼도 톡 쏘는 듯 맑다

* 홍취鴻毳 : 기러기 솜털

세월

곱게 핀 물안개 꽃으로
조약돌 세수를 할 때
여명이 밝아 단잠을 깨면

바람처럼 물결처럼
이는 마음 모래알처럼 별처럼
켜켜이 쌓여 해일 수 없어도

멈추면 죽을 것처럼
멋지를 않아 별바다 같은 나날
고운 삶을 괴다

욕심에 본질은 흩어지고
몸은 늙어
목밀처럼 되었으나

삼락을 행하지 못했는데
넌 어디서와 어느 곳으로
나도 몰래 총총 가느냐

* 삼락三樂 : 세 가지 낙이라는 뜻으로, 군자(君子)의 세 가지 즐거움은 첫째는 부모(父母)가 다 살아 계시고 형제(兄弟)가 무고(無故)한 것, 둘째는 하늘과 사람에게 부끄러워할 것이 없는 것, 셋째는 천하(天下)의 영재를 얻어서 교육(敎育)하는 것

휘루揮淚

선들바람에
숲속에 울던 선음 찾아들고
공음이 드높은데
폭염과 가뭄에 밭이랑엔
앙상한 갈잎의 노래
자마구 필 무렵
거북등처럼 갈라지고
말라비틀어진 논엔
상풍에 스산한 억새의 노래
들길엔 허리 휜 농부의
산산조각 난 허무의 노래
회색빛 도시
화려한 뒷골목엔
삶의 곡절로 울화의 노래
희망 잃은 삶
한 걸음 물러서도
주저앉을 수 없는데
회생의 통곡은 뉘 손 내밀어
눈물을 닦아 주리
골골마다 앙가슴을 치며
뿌린 눈물로
눈물의 강은 넘치는데

* 자마구 : 벼꽃
* 휘루揮淚 : 눈물을 뿌림
* 휘루揮泪 : 눈물을 훔치다. 눈물을 흘리다[뿌리다].

샘터

무명 저고리
소매를 걷은 채
두레박 첨벙이며 물을 길러
수건으로 따뱅이 틀어
버지기를 이고

엉덩이 비딱거리며
오솔길 오가던 야시시 하든
문디 가시나

사나이 의무 삼년을
기다리지 못하고
고무신 돌려 신은 문디 가시나

목련처럼 곱던 얼굴
복사꽃 살구꽃 피고
샘터에 봄나물 씻을 때면 그립다

문디 가시나 너도
세월을 이기지 못해
오글오글 뽂은 머리

서리 내려 성성하고
골 깊은 주름 눈에 선해도

두 번 다시
손 내밀 수 없어
샘터에 서성이다 추억에 젖는다.

문디 가시나야
부디 따뜻한 봄날처럼
포시랍게 살아다오

길

사랑과 정
이상마저 의식하지 못한
삿된 인연들이
가져가 버렸으니
한낮의 꿈도 사치인 듯해
지나온 일
무효로 하고 싶고
거칠게 할퀸 삶의 궤적
돌아서면
벼락같은 죽비소리 같아도
인생길 해가 저물었으니
매직아워 같은
압축된 빛을 찾지 못한 채
질경이꽃 같은 인생 버리지 못해
너의 수고로
내 밥줄을 이으며
탐심에 이는
한 생각을 버리지 못하고
경전 같은 마음으로
피안을 꿈꾸며
세월에 코가 꿰어

난 오늘도
잇따라 스치는 참 마음
담지 못하고
황국의 향을 품은
우리들의 터전을 밟으며
차디찬 바람 소리 귓전을 스쳐도
돌아오지 못할
정토를 찾아
정처 없는 고행의 길을
덧없이 간다

* 궤적軌跡/軌迹 : 수레바퀴가 지나간 자국이라는 뜻으로 어떠한 일을 이루어 온 과정이나 흔적.
* 경전經典 : 변(變)하지 않는 법식(法式)과 도리(道理).
* 피안彼岸 : 강의 건너편 기슭. 깨달음의 세계. 또는 그런 경지. 현실적으로 존재하지 아니하는 관념적으로 생각해 낸 현실 밖의 세계.
* 정토淨土 : 번뇌(煩惱)의 속박(束縛)을 벗어난,
서편에 있다는 극란 세계(世界). 아주 깨끗한 세상(世上).

서하의 밤(1)

성근 별처럼
반딧불이 날며 짝을 찾는
바람 한 점 없는 서하의 밤

마당 한켠에 놓은 모깃불
시드럭부드럭
타는 듯 마는 듯한데

홑적삼에 손을 넣고
할미 젖을 만지작거리다
잠든 손자 더울세라 모기에 물릴세라
부채질 가없고

코를 골던 아낙
소쩍새 마디 울음에 깨어
동강 난 꿈을 쫓느라
넋을 놓고 시들먹하게 앉았으니

애처로운 듯 등을 다독이다
시답잖은 듯 애미야
애미야 불러 편히 자라 이르고

할매는 부채를 다시 든다.

복더위에 맞선
애비는 여기에 없다
밤낮없이 삶을 살라도 팍팍한가 보다

근심가

우민을 위한 공적 단 하나 없건마는
꽃잎이 지기 전에 생 꽃잎 떼어낸 후
비천한 변론인을 난세에 추대해서
횃불을 받쳐 들고 덤으로 꽃을 피워
용상에 앉혀놓고 실없는 짓을 해도
일신의 영달 위해 직언은 고사하고
비위를 맞춰가며 고관이 되었으니
치자의 입맛 맞춰 목숨줄 걸어놓고
역린을 건드릴까 간언도 못해 본 채
행어가 휘청 인들 마부를 나무랴라
단 한 번 경천동지해 보지 못하고서
덕 없이 엽전으로 마음을 사려지만
그대 뜻 알았으니 또 속아 주겠는가.
무문의 글이라고 질타가 있겠지만
치국을 불 보듯 하며 근심 없다 하리오

* 역린逆鱗 : 용의 가슴에 거꾸로 난 비늘」이라는 뜻으로 건드리면 반드시 살해됨 '임금님의 노여움'을 비유(比喩・譬喩)함
* 경천동지驚天動地 : '하늘을 놀라게 하고 땅을 움직이게 한다'는 뜻으로, 몹시 세상(世上)을 놀라게 함을 이르는 말

나그네(2)

장대비 내리는 밤길
오늘은
어느 접속사 데려다
다리를 놓고
어느 조사 불러다
마감을 하려고 길을 가는가,
묻지를 마라
가야 할 길이라면
바람이 불어도
안개가 덮혀도 난 좋다
시련 없는 삶 어디 있고
실패 없는 꿈 어디 있다더냐.
행복과 불행은
오고 가는 것
인생사 별것 없다지만
희열과 성취감은 언제 한번 맛 보랴
차라리 화라도 내고
실컷 울어나 볼걸,
청운의 꿈
아스라이 하늘거리는
안개 짙은 새벽길 비만 내린다

소나기

태양을
삼켜버린 먹구름
우르르 쾅
우르르 쾅

하나둘 셋
현란한 촉(燭)을 남기니

낙뢰 치는 소리에
땅이 꺼지고
하늘이 무너질 것 같다.

모진 고통의 응어리
후두 두둑
후두 두둑 쏟아지니

메마른 광야
촉촉해지고

시든 잎은
우렛소리 싫지 않은 듯
배시시 웃으며 나부낀다

거룩한 이름 엄마

임이시여! 그대는
사랑하는 아이의 애절함을
듣지 못했는가,
엄마를 찾는 아이의 구슬 같은
눈물을 보지 못했는가,
이슬 맺힌 얼굴 어이하려고
하늘을 나는 새들처럼
광야를 달리는 야생마처럼
매직아워 같은
자신의 행복을 위해 자유를 위해
사랑의 고삐를 놓아버린 사람아
고단한 삶 되돌리고 싶겠지만
내일이면 늦으니
오늘 돌아와 놓아버린 사랑의 고삐를 다시 잡고
엄마를 찾는 아이의
간절함을 뿌리치지 마오
자유와 행복을 찾는 마음을 비우고
세상 속에 속한
삿된 마음 날마다 죽이고
한 알의 밀알이 될 각오로
돌아와 젖을 물려주세요

어미 떨어진 망아지처럼 엄마를 찾는
사랑하는 아이의 울음을
못 들은 척하지 마오
돌아서지 마오
자신의 행복을 위해
엄마를 찾는 사랑하는 아이의 간절함을
외면하지 마오
엉금엉금 기며 아장아장 걸으며
눈물 콧물 범벅이 되어
엄마를 찾는 우리들의 금쪽같은 보배를
외면하지 마오
정답이 없는 인생살이
한 알의 밀알처럼 썩을
각오로 품어 거두어주세요
헛수고인 듯해도 만복이 깃들 것이요
엄마 아빠 품에서
할머니 할아버지 품에서 웃는 천사 같은
아이의 웃음을 그대는 보지 못하셨소
품에 안고 젖을 물린 채
행복을 찾아주세요
천사 같은 보배들이 찾고 있어요
엄마, 엄마 우리 엄마 나를 두고 어디 가오
풀이 죽어 고개 숙인
나를 두고 가지 마세요
저 바다 건너가면 이제는 못 만나니

엄마, 엄마 우리 엄마
나를 두고 가지 마세요
어린 자식 홀로 두고 어디를 가시려 하오
죽어도 잊지 못할
거룩하신 우리 엄마
나를 두고 가지 마세요
영영 내 곁에 있어 주세요
꿈결에도 부르는 그 이름 엄마, 엄마, 엄마

* 매직 아워magic hour : 일출 일몰 후 수십 분 정도 체험할 수 있는 황혼, 매우 따뜻하며 낭만적인 느낌을 만들 수 있으나 그 시간은 아주 짧다.

세월의 강

세월아 넌 모든 것을
가져갔어도
내 작은 뜻은 가져갈 수 없으니
늠연凜然함을 앞세워
혼잔昏孱한
행동을 일삼지 마라
갈마드는 상념으로 고시르다
지혜롭지 못해 잃어버린 것들
지연紙鳶처럼 띄워 놓고
울지나 말걸
정인情人을 만난 것처럼
널 탄하며 울지나 말걸
세월이란 이름으로 늠연한 넌
신분을 가리지 않는다 해도
휘루揮淚로 마르지 않는
세월의 강 편주에
퇴색한 꿈을 싣고 떠난 고요 속
황혼빛 삶
오동에 걸려 너울너울 춤을 춘다

*늠연凜然 : 위엄이 있고 당당하다.

* 고시르다 : 내키지 아니하거나 불안하여 생각을 다잡지 못하고 마음을 썩이다.

* 혼잔昏孱하다 : 혼암하다. 어리석고 못나서 사리에 어둡다.

* 지연紙鳶 : 종이에 댓가지를 가로세로로 붙여 실을 맨 다음 공중에 높이 날리는 장난감.

* 갈마들다 : 서로 번갈아 들다.

* 정인情人 : 마음이 통하고 친한 친구. 남몰래 정을 통하는 남녀 사이에서 서로를 이르는 말.

* 휘루揮淚 : 눈물을 뿌림.

임이여

밤새 뒤척이다 잠든
나를 두고
살며시 일어나
새벽이슬을 차며 떠난 임
가고 싶어 갔으랴만
울 밑에 봉선화 진 지 오래고
손톱 끝에 물든
임 향한 마음도 지려는데
왜, 왜 이리
오시지 않는지요.
아무 일 없었던 것처럼
가시려거든
오실 때처럼
상처 없이 가셨길 바라나
내 작은 가슴엔
그대의 사랑
동심원으로 남아 일렁이는데
조소한 일 없거늘
왜, 왜 떠나야만 했는가,
비바람에도 흔들리지 않는 반석처럼
비방과 칭찬에도

움직이지 않는 어진 사람으로
남아 있지 못하고
그대는 왜 떠나야만 했는가

* 조소嘲笑하다 : 흉을 보듯이 빈정거리거나 업신여기다. 또는 그렇게 웃다.

봉소리

법봉 소리 우레 같아도
가난한 백성 도외시함은
긴 세월 변함없고

의사 봉소리 우레 같아도
가난한 백성들에
골고루 미치지 못하며

만물에 붙인
세금 거두어 물 쓰듯 해도
가난한 백성 구휼할 길은 먼데

이학이 전부이니
주견 없이 존경하고 섬기며
노예근성을 버리지 못한 채

심지에 박애와 애민의
마음을 지니지 않은 자에
감언이설 겉수작에 미혹되어
권력을 쥐어주고

곡간이 비어
입가에 지주사 날려도
지혜롭지 못한 그들을 바라보며

유보된 희망과
행복을 위해 목탁보다 못한
우레 같은 봉소리에
어리석은 백성은 두 눈만 껌뻑인다

* 이학耳學 : 귀동냥으로 배운 지식.
* 주견主見 : 주장되는 의견.
* 심지心地 : 마음의 본바탕
* 박애博愛 : 모든 사람을 평등하게 사랑함.
* 도외시度外視하다 : 상관하지 아니하거나 무시하다.
* 구휼救恤하다 : 사회적 또는 국가적 차원에서 재난을 당한 사람이나 빈민에게 금품을 주어 구제하다.
* 지주사蜘蛛絲 : 거미줄

그리움

창가에는 낙엽 지고
가을은 깊었는데
어쩌라고 그리움은 차곡차곡 쌓이네,

언제나 만나려나,
그리운 사람아
언제나 만나려나, 가슴속에 사는 사람아

보고파 보고파서
그대가 보고파서

그리움 한 아름
가슴에 안고
찬바람이 스쳐도 아랑곳하지 않고

초롱초롱 촘촘한 별
눈에 담으며
갈잎을 밟으며 하염없이 걸어도

어쩌라고 꼭꼭 숨어
손짓만 그지없고

달빛 어린 길 위에
갈잎의 스산한 노래 쓸쓸함을 더하니

못 잊어 못 잊어서
창가에 그리움 내 어이 달래나

낙엽 쌓인 뜰 위에
흰 눈이 내리면
그리움의 가을밤이 생각나겠지요.

망상

은하강 기슭에
허공 꽃 피워놓고

수만은 눈길
피할 수 없어

남몰래
가슴앓이하며

곱게 싼 마음보
펼치지 못하고

저 홀로
피고 지는 꽃무릇처럼

고운 모습
가슴을 녹여도

허상에
단침을 삼키며

무명의 꿈속에서
가슴만 찢고 간다.

* 무명無明 : 무지를 뜻하는 것으로 근본에 통달하지 못한 마음의 상태 밝지 못한 마음, 가려진 마음이다.

인연

눈물이 보일까 봐
고개 숙이고
수줍은 듯 쥐 죽은 듯
말도 못 하고
죽었소, 나 죽었소,
참으려 해도
싫다고 나 싫다고
가신다기에
가라고 가시라고
보내려 하니
가실 듯 가실 듯이
가시지 않다
보란 듯 보란 듯이
불현듯 떠나서
오실 듯 오실 듯이
오시지 않고
잊힐 듯 잊힐 듯이
잊히지 않네

들국화

가을비에 오동잎 떨어지고
귀뚜리 소리 잦아들 제
상풍 찬 서리에 산천초목
슬픔에 젖어 서걱이니

이끼긴 바위 옆에
들국화 화사하게 피었으나
시절 인연에
가지마다 잎은 새들새들 늘어져
살 부러진 양산 같고

노랗게 핀 꽃은
송홧가루로 다식을 빚어 놓은 것 같은데

싸늘한 갈바람
뺨을 스치며 변하니
아름다운 들국화 얼마나
더 볼 수 있을는지 안타까워하며

누각에 올라
부질없이 늙음을 탄식할 때

코끝을 자극하는 국화 향을 맡다
달빛 드리운 누대에
귀뚜리 쉰 울음 처량하게 들리니

혼곤한 상념에 젖어
천금 같은 긴 세월
참 나를 알지 못하고 깨우치지 못한
괴로움에서 벗어나
즐거움을 얻지 못한 채
남몰래 눈물을 훔치네.

* 혼곤昏困하다 : 정신이 흐릿하고 고달프다.

초추의 밤

긴 세월 세상과 싸우다
사랑과 이별
성공과 좌절을 경험하고도
세상 어떤 일에도
미혹되지 않은 채
굳은 심지心志에 의지해
신중하지 못했던
지난날의 과오에 대과를 치루느라
세상일 다 버리고 자성하며
오늘을 사는 소객이
바랄 것이 무엇이 있으랴
황촉불을 밝히고
별바다 같은 밤을 보내며
새벽닭 홰치는 소리에
덧없이 갈마드는 사계의 오묘함에 취해
귀뚜리 임을 찾는 소리
가없는 잔서의 밤
시수로 뱉어내는
소객의 고통스러운 한숨에 섞인
한 모금의 연기를 따라
긴 긴 밤 가시밭길을 헤치며

만인에게 주어진
시 한 수 내게로 왔으니
이 또한 욕심인가,
잡을 수 없는 초추의 밤
심지心地에
요란함이 없기를 바라며
세상일 다 버린 내가 무엇을 더 바라리오

* 심지心志 ; 마음에 품은 의지.
* 시수詩瘦 ; 시로 인해 야윔
* 심지心地 ; 마음의 본바탕.
* 초추初秋 ; 초가을.
* 잔서殘暑 ; 초가을이 되어도 남아 있는 더위

혼돈

눈물 조각 움켜잡고
긴 밤 지샐 때 성근 별
우듬지에 걸려 졸다 잠이 들고

밤안개 자욱한 구천에
앙금 남은 하얀 넋 떠돌다
돌아서는 정한의 걸음

여명이 밝아와도
빛바랜 삶 걸어둘 곳 없는
타래 같은 길 위의 일상

재촉하며
지언을 하면 무엇 하리

밀랍으로 빗은
조화처럼 항상 봄 같아도
마음 하나
시계추처럼 달랑이다

붉은 가시 돋은
혼돈의 앙가슴 터트릴 곳 없는데
괜스레 다가와
침전된 마음 휘휘 젓지를 마라.

예화翳花

꿈 한 자락
펼쳐 들고 타관에 와서
톡톡 튀는
생각과 지혜 한량없어도
내걸 곳도
깎아 꽂을 곳도 없으며
쓰러지지 않으면
기댈 곳조차 없는
허수아비 같은 외로운 신세
황금을 좇는 길은 멀고
의지할 곳 없는데
고행의 길, 고고한 척
거들먹거려도
탄식뿐인 인생살이 끝이 없거늘
눈길 사나움을
자각 못 하니
한바탕 꿈일 뿐인 인생
곱씹어 볼 일 아닌가,
지난 삶을 돌이켜 삶의 뜻을
헤아릴 수 있다면
고운 마음 장천에 던져두고
짧은 인생
백초에 묻혀 예화처럼 살고 싶다

* 예화翳花 : 가려져 있는 꽃, 숨어 있는 꽃

참괴慚愧

고운 꿈을 키우며
칭찬받고 싶었잖아
자랑하고 싶었잖아 왜 그랬어,
왜 그랬어,

효도하고 싶어도 면목 없고
성공하고 싶어도 부끄럽잖아

욕심내지 마라
죄짓지 마라
그렇게, 그렇게 일렀거늘

두고두고 아파할 거면서
마음속으로 부끄러워할 거면서
만인에게 친구에게
창피스러워할 거면서 왜 그랬어,

공명심에 사로잡혀
잘난 체해도 거기서 거기야

너나 나나

손가락질받지 말고
웃음거리 되지 말고
참회의 기도보다
거울을 두려워하며 살자 했거늘

이것 좀 봐, 여길 좀 봐
잘못한 일투성인데 창피한 줄 모르고
부끄러움을 모른다면
그게 어이 어른이겠어

금수보다 나은 것은
왜 그랬어 보다
그랬구나에 대한
모멸감에 삶을 내려놓은
너나 나나
부끄러워할 줄 아는 사람인 거야.

* 참괴慚愧 : 몹시 창피스럽고 부끄러이 여김.
* 공명심功名心 : 공을 세워 자기의 이름을 널리 드러내려는 마음.

흑장미

농염한 자태를 뽐내며
장독대 옆 담장에

천상의 여인처럼
걸터앉은 화려한 모습

관능을 주체못해
작부처럼
만인을 가슴에 품으며

요염한 모습으로
햇살을 흠모하다

서산 노을이 미워
토라진 채
화를 삭이지 못해 검붉더니

달빛에 처연히
조응되어 감쪽같이 변한
너를 보고
소스라지게 놀란 것은

아! 너는 흑장미

가시 돋은 넝쿨에
저 달을 묶어두면
너는 흑장미 영원한 흑장미

뾰족한 흉은 묻어두고
빼어난 자태만 자랑하는
아! 너는 흑장미

* 처연히悽然히 : 애달프고 구슬프게.
* 조응照應되다 : 둘 이상의 사물이나 현상 또는 말과 글의 앞뒤 따위가 서로 일치하게 대응되다. 원인에 따라서 결과가 생기게 되다.

고해苦海

간절히 원하는 일이면
상응하는 노력을 하라
이루지 못 할 일 없으리라

고행의 길
뜻한바 허사일지라도
움츠러들거나 포기하지 마라

천착하지 않고
희망을 잃은 삶은 살아도 죽은 것이다

인생사 까마득해도
새벽을 여는
닭 우는 소리 멎지 않으니

험난한 인생길 탐험에
사연 없으리라 생각 말고
삶의 긴 여정에 모험을 두려워 마라

세월 따라 걸어온 길
돌아갈 수 없어

외길을 가야 하는 우린 동반자니

보태고 덜어내며
격물을 논하지 말고 가다

깨우침과 감동은 주지 못해도
행한 일이 옳든 그르든
먼저 화부터 내지 마라

옳다면 화낼 필요 없고
그르다면
화낼 자격이 없는 것이다

선방은 없어도
비켜 가지 못할 길은 열렸으니
굴기를 위해
고해의 삶 뒤돌아보지 말고

처절한 몸부림이 싫어도
가난에 찌든
슬픈 노래는 부르지 말자

천고 뒤에
해밀을 잊었느냐

베풀지 못하더라도
울 넘어 삶 돌아보며
기박 탓하지 말고 그냥저냥 살다 가자

* 천착穿鑿 : 구멍을 뚫다. 어떤 원인이나 내용 따위를 따지고 파고들어 알려고 하거나 연구하다.
* 격물格物 : 격물이란 사물의 이치에 똑바로 가닿는다는 것을 말한다.
* 선방仙方 : 신선들이 쓰는 방책
* 굴기倔起 : 몸을 일으킴. 필부(匹夫)로서 입신출세(立身出世)함
* 천고天鼓 : 뇌성과 번개를 동반하는 대기 중의 방전 현상. 불교 도리천 선법당에 있는 북. 치지 않아도 저절로 울려 묘한 소리를 낸다고 한다.
* 해밀 : 비가 온 뒤에 맑게 개인 하늘
* 기박奇薄 : 팔자, 운수 따위가 사납고 복이 없다

야화

혼자서 기다리다
그리움으로 남은
그대의 모습
너무 고와 서러운 밤
꿈에서라도 함께 하고파
눈을 감는다.
억겁이 지나도
나의 사랑
빛을 잃지 않겠지만
여명이 밝아오면
보이지 않는 곳에서
당신만을 생각하며 말없이 기다리다
그리워 서성일 때
이글거리던 해 설핏해지고
낮달이 뜨면
이른 채비를 하고 맞이하리다.
임이여!
은하 강기슭에서
숨어 우는
눈물 꽃 가슴이 시려
황홀한 야화로 피렵니다.
당신을 향해
활짝 웃는 것은 나의 운명이니까

유월의 밤

한 생을 버릴 수 없어
척박한 바위틈에 자리를 틀고
달과 별을 흠모하며 핀 야생화처럼

긴 목을 곧추세우고
짝을 찾는
고라니의 외마디 울음 처량해도

내 몫의 삶도 버거운
머나먼 여정
그대마저 여숙을 떠나고
그리움만 남은 유월의 밤

하얗게 삭은 백골과 녹슨
철모를 밟고 산마루에 뜬 달과 별은
누구의 것이었기에
역천을 않고 한결같을까,

그대 같이 웃고
같이 울 수 있으리라 믿었는데

불나비처럼 찾아들지 않고
타는 가슴 밀쳐두고
말없이 나풀나풀 떠나면
이 밤 어쩌란 말이오

절세가인 아니어도
단 한 번 조소한 일 없는
그대 떠나 내가 울고 두견이 슬피 우니

독수공방 비추는 촛불과
이슥토록 눈물 흘리다 쓰러지는
밤꽃 향 그윽한 유월의 밤이여

* 여숙旅宿 : 일정한 돈을 받고 손님을 묵게 하는 집
* 역천逆天 : 천명(天命)을 어김
* 조소嘲笑하다 : 흉을 보듯이 빈정거리거나 업신여기다. 또는 그렇게 웃다.

카사노바

누가 나를 잡으려 하나요,
안 돼요. 안 돼
나는, 나는 카사노바예요
미안해요
나는 그대 곁에 머물 수가 없어요,
약속해도,
약속해도 미워 말아요
그대를 만나 함께한 순간만큼은
최고의 사랑을 나누는
순수한 그런 사람이 되고 싶어요.
그러나 나는
당신을 책임질 수 없어요.
내가 당신을 잡지 않듯이
당신도 나를 잡지 말아요,
자유롭게 훨훨 날아
그대 곁을 떠나가는
나를, 나를 미워 말아요,
운명적인 인연이지만 나를 사랑하지 말아요,
나는 카사노바
나는 당신을 유혹한 카사노바예요
언젠가 또 만날지 몰라도

그때는 가엾다 하지 말고
말없이 그냥 낭인의 두 손을 꼭 잡아주세요
한순간 풋사랑도 사랑이니까요
그러나 연정이 남아 있어도
이젠 잊어주세요
둘이서 순수하게 즐긴 순간들은
이미 끝난 일이니
한여름 밤의 꿈처럼
한바탕 웃고 말아요.
지나온 이야기들은 먼 훗날
그리울 때 찾아보세요
죽간에 남겨둘게요

* 낭인浪人 : 일정한 직업이 없이 이리저리 떠돌아다니며 빈둥빈둥 노는 사람.
* 죽간竹簡 : 종이가 발명되기 전에 글자를 기록하던 대나무 조각. 또는 대나무 조각을 엮어서 만든 책.

무상無常

아차산 마루에
해가 돋으면 찌는 듯한 햇살이
쏟아지는 여름
궁벽한 곳에서 냉풍기도 없이
합죽선을 들고
긴 한숨을 몰아쉬나
한때는 누구처럼 잘 나가다
풍진 세상을 견디지 못하고
가문도 걸어 잠그고 일터를
잃은 지 오래니
말조차 잃어 적막함이 감도는
아침부터 땀을 훔치며
바가지 긁는 소리
끼니마다 환지 봉투에 쌀 흐르는 소리 듣기 싫어
돌려막기도 마지막인 카드를 들고 나서
단침을 삼키며 느꺼움을 참는데
구용, 구사도
갖추지 않은 자들이
청기와 집 쥔 찾는 소리에
민생은 똥 마려운 년 국거리 썰 듯해 덮어놓고
어느 놈은 팔자 좋아
도둑질하기 좋은 정치판에서
어리석은 백성들의 바짓가랑이를 잡고 싶어

미소 속에 칼을 품은 채
무판에 끌려가기 싫은 개 꼬리 감추듯 하고
한 표라도 긁어 모으려고 게거품을 무는데
어느 놈은 팔자가 사나워
목구멍 풀칠을 걱정하니
하기 좋은 말 듣기 좋으라고 하는지
손가락으로 돈푼이나 세든
무지한 장사치에게
공사판에가 알바라도 하라지만
일자리가 없어 며칠째 공염불만 한 채
미물도 열기를 이기지 못해
달아오른 벽돌 틈을 비집고
풍진 세상에 기어 나와
생을 마감하는 뜨거운 길을 영자와 걷고 있다
잘못된 생각에 끌려가지 마라
생각의 바탕은 인품이고
평판이 만들어지는 건 순식간이며
허무하게 쓰러지는 것이 인생이다.
더위에 늘어진 혓바닥을 물고 잘 난체 마라
낭자한 매미의 울음도
바닥을 친 마음을 아는지
더욱 슬프게 들린다

* 구용九容 : 아홉가지 태도
* 구사九思 : 아홉 가지 생각
* 영자影子 : 그림자

친구야

흐르는 물처럼
옷깃을 스치는 바람처럼
머물지 못하고

두레박
떨어지듯 하는 나날을
어찌하면 좋으랴

바쁘면 날 두고 혼자 가라
일렀거늘 경 읽기니

막을 수도 없고
잡을 수도 없는데

다채로운 맛 다 본
그대 어이
거들먹거리며 분주한고

마음만 청춘이지
육신도 청춘인가

교만도 자신도
하지 말게나 인생사
마음먹기에 따라 다르다지만

객기 부리지 말고
늘어나는
약사발 잘 챙겨서

골골 백 년
천덕꾸러기로 살지라도

친구야, 우리
꽃같이 좋은 세상
알뜰살뜰히 살다 가세나

나에게로 오라

나 언제나
연인처럼 만나
상처 없는 그리움으로 남겨지는
만남이 되기를 바라며

나 언제나
멀리 있는 친구
오랜만에 만나도

멸시한 일 없었으며
조면한 일 없고

괴는 마음으로
사심 없이 만나
편안한 친구 되기를 바라며

나 언제나
눈비가 오면
우산이 되어주고

옷을 벗기는 햇살을 막아

그늘이 되어주며

송림에 바람을 불러서
땀을 씻기며
벗 향한 일념으로 정성을 다하고

아침 이슬 같은
나 이제
빛을 등진 긴 그림자

하나, 오늘은
남긴 것이 아무 것도 없다
그러나
내일을 위해 오늘을 살았다.

저물어 가는 청춘
마음 한켠에 남긴
따뜻한 정과 사랑 가득 담아 드리라
오라 그대여 나에게로 오라

여기가 어딘가

여기가 어딘가
뙤약볕도 절경에 취해
비켜 눕는 여기가 어딘가

왜가리 백로
더위를 물고 와 내려놓고
얕은 시리 끝에서 피리를 쫓고
매미 낙위
종일 울며 놀다 지치면
반딧불이 짝을 찾아 날 때

두견과 부엉이 울음에
장단 맞추기 버거운 듯
앙앙대는 맹꽁이 우는 곳
여기가 어딘가

아침이면 해를 향해 기운 마음
다소곳하고
저녁이면 달을 향해 기운 마음
함박 웃는 곳
여기가 어딘가

묻지 마라
고향을 묻지 마라

내력을 묻지 마라
가슴 아린
나의 슬픔을 묻지 마라

가슴 아린
그리운 이 안부를 묻지 마라
가슴 아린
지난 삶의 추억을 묻지 마라

소객의
이름도 묻지 마라

필요한 것은 홀로 득得하고
나에게 묻지 마라
자연을 두고 삶을 어이
사람과 책에서만 배우랴

자연의 품 안에
너와 내가 있음을 잊지 마라

꽃도 꽃 나름

황촉불 칼바람에
생꽃이 떨어지고
계절 없이 덤으로 핀 꽃,

반쪽의 뜰과 우민을 위해
자신을 바칠 결심을 한양
앙다문 입술,

암내를 맞은 수컷처럼
히죽히죽 웃는
격 없는 웃음,

한 것도 안 한 척
어눌하게 어물쩍 넘어가려
똥 찍은 닭 부리를 닦듯
입을 닦으며
붉은 꽃을 피우려는 야욕에 차

곳곳에 박토를 일구어
깃발을 꽂는 작태에
송곳 꽂을 곳도 없다

붉은 무리의
익숙함에 속아
소중함을 잃어버린 채

팍팍한 삶 말라붙어
거북등 같은 가슴을 안고 살지만
아린 심정을
알아 달라는 것은 아니다.

초라해도
우민의 눈에 나지 않고
자유를 갈망하는
만백성을 소신껏 이끌어가는
뒷모습을 보고 싶을 뿐이다.

삶이 겨워
허우적거리니 칭찬과
격려는 바라지 마라
금상의 자리 요원한 듯해도
깜짝 세월
손을 씻은 후에 보면 알 테니

향수

강 건너 산모퉁이
금천 내성천 돌아들어
잔잔하고 고요한 낙동강 물과 함께
강촌을 휘돌아 나갈 때
옛 사연을 품은 고목과 주막은
언제나 그랬듯이
송아지 형 쳐다보듯 해도
천혜의 땅 위를 나는 물새들
제멋에 흥겨운,
보탤 것도 덜 것도 없는
도원 같은 강촌에서
명성만 남은 터전을 일구다 해가 저물면
개다리소반에 달빛 어린 죽 한 그릇
게 눈 감추듯 하고
강가에 나가 여름을 씻기다
비기를 자랑하며 서리한 것들을 먹어 치우고
맑은 강물에 몸과 마음을 씻고
소쩍새 울음 듣고 흘리며
나루터의 전설을 주섬주섬해
백사장에 돗자리 펴고 누워 소곤거리다
뭇별들이 빛을 다투는 은하를 보며

금조들의 선율에 홑이불을 덮고 잠이 들어
금의환향 꿈에 젖었다
미루나무 우듬지의 어린 잎새
이슬이 무거워 파르르 떨 때
여명이 밝아 연작들의 지저귐에
우주를 품은 아침 햇살 이슬을 말리면
선대의 고매한 뜻을 따라
책장을 넘기다 팽개치고
젖을 땐 송아지를 몰고 나와 강둑에 풀어 놓고
친구 같고 형제 같은 또래들끼리
물가에 가 피리를 쫓다
이름 없는 모래성을 쌓아
대장은 왕이 되고 신하는 두꺼비 노래를 부르며
헌 집과 새집을 바꾸자며
입술이 파랗게 되도록 물장구치고 놀다
푸른 언덕에 송아지 어미를 찾으면
물놀이에 지쳐
설핏한 햇살에 파리한 입술을 떨다
은빛 모래사장에 산그늘
스멀스멀 길게 누우면
나룻배에 몸을 실은 나그네 먼 길을 재촉 할 때
어매가 부르는 소리에 해가 저물고
수숫대 울타리를 빠져나온
저녁연기 낮게 깔려 느릿느릿
진산을 넘어가면 추억을 쌓고 그리움을 먹는

나는 혼자가 아닌데
내 그곳을 어이 잊으리오.
갈고 파는 일 서투르고
꼴꼴하지 못해 고향은 나를 찾지 않아도
내가 고향의
녹수청산 벗이 그리워 찾아가리다

* 비기祕技 : 자기만이 가지고 있는 재주.
* 천혜天惠 : 하늘의 은혜
* 꼴꼴하다 : 사람이 견실하고 똑똑하다.

자마구(벼꽃)

가녀린 꽃잎
눈길 한번 받지 못한 채
실바람에 떨어져
오밀조밀한 이랑
부평초랑 동동 떠다니다

물꼬를 넘으며
이별의 눈물 졸졸 흘리고
귀중한 꽃잎
넓은 개울로 떠나니

하늘을 향해
빳빳하던 이삭은
쑥스러운 듯
살며시 고개 숙여
예쁘고 탐스럽게 영글며
황금 들녘을 향해 치닫고

조석으로
삽날이 무디도록
정성을 다한
농부의 환한 미소엔
곡간을 채울 가을걷이 꿈에 젖는다

애욕愛慾

세상을 다 가질 듯
원대한 꿈으로 불타는 청춘이여!
더함도 덜 것도 없는
미리 누리는 천국 같은
수려한 도원을 두고
애욕의 늪에서 헤어나지 못한 채
유토피아를 향해
성취의 타는 목마름을
풍진 세상에 휘갈기며
헛된 야심에 빠져
만인이 좇는 방대하고 오묘한
꿈속 길을 헤매다가
편지 한 장 전화 한 통 드리지 못하고
따뜻한 진지 한 상 차려 드리지 못한 파락호를 두고
공곡에 천년 집을 지으셨건만
죄 씻을 겨를 없이
종심이 코앞이 되도록 걷고도
원초적인 삶도 해결하지 못한 나그네처럼
평종을 접지 못하고
훈풍이 흰 눈썹을 빗기는
이제야 소박한 꿈 한 자락

펼칠 곳을 찾아
금수보다 못한 육신을 지탱하겠노라고
이지러진 낮달을 등지고
다 저녁이 되도록 선음이 낭자한
돌담길을 걷고 있는
붉은 낙인이 찍힌
못난 초로의 가슴에 비가 내린다

* 공곡空谷 : 텅 빈 골짜기.
* 선음蟬吟 : 매미의 울음소리.

삶

청춘을 밑천 삼아
별세계를 찾아나서

육신을 녹여
욕심을 채우는 일상

자신을 잃어버린
마음 한켠 아려도

삶의 앙금 내려놓지 못해
갖은 고초를 겪으니

골 깊은 주름 가득
설움이 흐른다.

삶에 취하니 해 저물고
달 기우도록 육신을 살라도

돌려막기에
백발만 늘어날 뿐

초라한 꿈 갈기갈기 찢긴 채
청춘과 눈물을 밟고 간 세월

지나온 삶
희망도 무망지복도

부질없는
속삭임이었던 것을

얕잡아본
인생길에 짊어진 짐 참 무겁다

* 무망지복毋望之福 : 뜻하지 않게 얻는 복.
* 별세계別世界 ① 이 세상 밖의 다른 세상(世上)
② 속(俗)된 세상과는 딴 판인 아주 좋은 세상(世上)

마티다

잔설을 맞으며 태어나
꿈속 같은 고운 시절은
잠시 머물다 홀연히 떠나가고
서하의 온갖 풍상
오롯이 견디고
봄꽃보다 아름다운 갈잎 틈에서
고홍의 가을 연가 들으며
갈마드는 세월을 만끽하며 살렸더니
자태를 자랑하던
단풍이 지니 황국도 지내요
다시 이을 인연 없는
초막 선방에 부벽서 같은 삶
황국을 보며 봄꽃을 보듯
풋풋하게 살렸더니
단풍을 보며 백발을 자랑하며 살렸더니
단풍이 지니 황국도 지내요
무서리에 떨다 떨어져
삭풍에 구르며 날며
훨훨 초행길을 가내요
옷깃을 여미는
허수아비 같은 날 두고 가네요

혹한의 삶 또 어이 견디라고
장승 같은 날 두고 가네요
시세 따라 인연 따라
순응의 삶을 살다
온갖 시련 다 겪고 견딘 날 두고 가네요

* 마티다 : 쓴맛 단맛 다 겪으면서 온갖 시련을 견디어 내다.
* 부벽서付壁書 : 벽에 써 붙이는 글씨나 그림.
* 선방禪房 :참선하는 방.

한여름 밤의 꿈

삼류 영화의 필름처럼
동강 난 꿈이 싫어
살아 천년 죽어 천년
함께 할 각오로
머리보다 마음으로
사랑하는 사이에
빗금이 왜 들어가야 하는가,
나그네처럼
쉬어갈 쉼표도 나는 싫다
단침을 삼키는 나는 싫다
뜻하지 않은
죽음 앞에서보다
사랑하는 이의 거친 숨소리를 못 견뎌
형형한 눈빛 마주하고
행복에 겨워 눈물 흘리는
한여름 밤의 꿈처럼
감미로운 목소리
검은 눈동자를 가진
사랑하는 사람과 함께라면
나는 웃고 다닐 것이다
감흥이 없어도
깨고 싶지 않은 내 꿈속에
당신이 있으니
나는 웃고 다닐 것이다

꽃으로도 때리지 마라

속세를 버리지 못해
온갖 사욕을 버리고
초라한 육신만 지탱한 채
심해 같은
마음을 간직하고
위의를 갖춰
사계를 가리지 않고
육허의 만물을 벗을 삼아
나그네처럼 떠돌며
걸림이 없는 고운 마음으로
침묵 속에서
아름다움을 이끌어 내려
심혈을 기울여
자연의 수려함과 어진 인간의 고뇌와
고단한 일상과 희극과 비극의
현실을 담아내며
궁벽한 곳에서 시린
삶을 달래는
시인의 청정한 마음을
꽃으로도 때리지 마라

* 위의威儀 : 위엄이 있고 엄숙한 태도나 차림새. 예법에 맞는 몸가짐.
* 육허六虛 : 천지와 사방을 통틀어 이르는 말

봉선화에게

울 밑에 선 봉선화야
너의 모습 잊지 못해
그리움으로
열두 구비를 기다려야 하는
내 마음 안중에 없겠지만
너의 터질 듯한
정결함으로 울 밑의 삶
스스로 경멸하지 마라
너를 보내야 하는
내 마음 에일 듯해
해를 가린 삼복 습한 길을
하느작하느작 걸으며
너를 향한 마음
오래도록 간직하고픈 고운 모습
찌는 듯 모진 바람 침노해 낙화가 되기 전에
손톱에 연정으로 남겨
잔월을 헤며 보낼 테니
총총걸음 하여
너 또한 나를 잊지 말 거라
굉음이 스치는 회색빛 도시
홍릉 돌담길을 걸으며

너를 향해 부르는
나의 노래는
너의 노래처럼
나만의 노래가 아니다.
나 또한 터질듯한 마음
이렇게 달랜다
총총

* 정결淨潔 : 매우 깨끗하고 깔끔하다.
* 경멸輕蔑 : 깔보아 업신여기다.
* 침노侵擄하다 : 남의 나라를 불법으로 쳐들어가거나 쳐들어오다. 성가시게 달라붙어 손해를 끼치거나 해치다.
* 총총悤悤 : 편지글에서 끝맺음의 뜻을 나타내는 말.

먼 훗날

그리움이 병이 되어
심산을 뒤지다가

그대가 명약이었기에
애타게 불러도
메아리 허공을 나니

목메어 부르다가
헌신하며
낭인의 사랑의 눈빛
기다림이 오만이었던가

마음과 감정
좋은 곳엔 마음껏
꺼내어 쓰라고 했는데

아는지 모르는지 무심해
혜안 없이 애민愛憫한 죄로
자그락거리지 못하고

참다가 참다가

흐르는 눈물 훔쳐 허공에 흩뿌리며
어금니를 지그시 문다
떠나리라 잊으리라
내가 잊으리라

먼 훗날
그대가 찾으면
자신을 이기지 못해 잊었노라고,
이젠 내가 잊었노라고

* 낭인浪人 : 일정(一定)한 직업(職業)을 가지지 않고 허랑하게 돌아다니거나 세월(歲月)을 보내는 사람,
* 애민愛憫 : 불쌍히 여겨 사랑함.
* 혜안慧眼 : 사물(事物)을 밝게 보는 슬기로운 눈

상생의 마음

내가 없었으면
우월감에 빠지지 않았을 텐데
내가 없었으면
비교하지 않았을 텐데
내가 없었으면
열등감에 빠지지 않았을 텐데
너와 나의
비교의 오묘함은 본능이나
타인을 바라보지 말고
마음을 돌이켜
바르고 착한 길로 가려는 참 마음이면
치우치지 말고
자신이 처한 현실을 인식하여
비견이면 족하지
한치라도 앞서가려 하지 마라
내일 죽을 것처럼
최선을 다한
노력 끝에 자연스레 결과가 따르리라
그러나 공이 없다고 바라진 마라
탐착에서 벗어나
모든 것을 내려놓은

범부 중생이라고 한들
어이 마음이 흔들리지 않으랴
다만 참 생각을 하기에 도리에서
멀어지지 않고
인내를 할 수 있는 것이다
우리네 인생
예와 의를 갖춰 공경하고 존중하는
상생相生의 마음이면
일구일갈이면 어떠랴
내 삶은 내가 사는 것인 것을

* 비견比肩 : 서로 비슷한 위치에서 견줌.
* 일구일갈(一裘一葛) : 한 장의 갖옷과 한 장의 베옷이라는 뜻으로, 매우 가난한 살림을 이르는 말.
* 갖옷 :짐승의 털가죽으로 안을 댄 옷.

슬픈 각시

초하에 날이 궂으나
지난날 탁류가 흐르던 계곡
지금은 볼 수 없고
구름 일던 벌거숭이 민둥산 우거져
금조소리 가득한데
가호마다 아이 웃음 끊어지고
유년에 책보자기 메고 넘던
등굣길은 숲이 발길을 막았으니
푸른 언덕에 흔케 보이던
송아지 한 마리보이지 않네.
꼴꼴하지 못하고
둔하고 어리석어 고향을 잊은 듯
평종을 접지 못한
좀상좀상한 자들과 어울려
세월과 함께 떠돌다
운과 복을 꺾어 품에 차지 못한 채
사금파리 같은
서러움을 간직하고
예순령을 넘은 지 아득하건만
고향이 하도 그리워 나그네처럼 들러
이곳저곳 돌아보다

보는 이 없는 임 계신 공곡에
홀로 핀 풀꽃의
침묵의 소리를 시로 승화시키는
선비가 되지 못하고
소인배처럼 좀스러운 놈이 되어
솔 그늘에 앉아 숨 한 번 들이쉬고
마음 한 번 추스르면
념연할 줄 알았건만
푸른 하늘에 흰 구름
숲속에 이는 향긋한 바람
풀 한 포기 나무 한 그루에도 부끄러워
상념에 젖어
앞날을 생각하니
인생길 바람꽃 길 같아 허허로움뿐이네

* 꼴꼴하다 : 사람이 견실하고 똑똑하다. 물건이 실속 있고 값지다.
* 평종萍蹤 : 부평초가 떠다닌 자취라는 뜻으로, 각처로 유랑함을 이르는 말.
* 좀상좀상하다 : 여럿이 모두 좀스럽다.
* 공곡空谷 : 텅 빈 골짜기
* 념연恬然 : 모든 것 잊어버린 편안한 마음.

욕심

심오한 영성과
빛나는 예지를 갖추지
못했어도
모두가 연호하는
수려한 시어를
찾겠다는 일념으로
시를 설하는
도원같이 기이한 가을
하얀 여백에 붓을 저어
서리꽃을 밟으며 설국으로 가는
창작의 수레에
천천히 우려낸
드립커피같이 깊은 맛을 지닌
한 편의 시를 싣고파
까만 밤을 사르며
시수로 골몰하다
서성이는 여명을 향해
글강 외듯 이학 탓을 하며
수려한 가을도
시대의 모순도 담아내지 못하고
긴 한숨 몰아쉬다

부질없는 욕심
한 자락 털어놓는다

* 심오深奧하다 :사상이나 이론 따위가 깊이가 있고 오묘함
* 영성靈性 : 신령(神靈)스럽게 총명(聰明)한 품성(品性), 또는 성질(性質). 천부의 총명(聰明)
* 예지叡智 : 물의 이치를 꿰뚫어 보는 지혜롭고 밝은 마음.
* 연호戀好 : 연인이 좋다. 사랑하는 마음으로 간절히 생각하며 좋아한다.
*시수詩瘦 : 시로 인해 야윔
* 글강 외듯 : 부질없는 말을 거듭 되풀이함을 비유하여 이르는 말.

성공이란

꿈을 붙잡기 위해
꿈을 실현하기 위해
한발 한발 다가서는 청춘들이여
성공을 위한 꿈은 누구나 같으나
성취의 기쁨이 엇갈리는 것은
내일 죽을 것처럼
최선을 다하는
악착같은 마음에 달려있기 때문이다
운도 따라야 하나
치열함이 부족하면 일어서기 힘들다
성공은 자신과의 싸움이다
그냥 이루어지는 것이 아니다
남들 보다
더 많은 것을 알아야 하며
더 많은 노력을 해야 하고
이보다 의를 좇아야 한다.
좋은 사람을 곁에 두어야 하기 때문이다
덕이 있는 사람은 반드시 외롭지 않다
지난날을 돌아보며
태만하지 말고
취할 수 있는 것은 취하며

앞만 보고 나아가라 유턴은 있을 수 없다
남들을 이기려고
무지와 오만으로 지적 도덕적
참을성을 시험하려 들지 말고
자신이 하고 있는 일이
남들보다 뛰어날 때
성공은 자연스레 따라오는 것이다
농사꾼은 죽어도
씨오쟁이를 베고 죽는다는 말처럼
사명감을 가져라
성공은 슬기로운
자신의 조화로 이루지는 것이다
거미가 실을 뽑아 줄을 치고
먹이를 노리듯
기회를 엿보며 만들어 가는 것이다
성공의 채찍은
남이 아닌 나에게 하라

* 씨오쟁이 : 짚으로 엮어 만든 작은 섬(바구니)

탐진치

달콤한 감언이설에
귀를 막지 못하고서

단 한 번 눈길 받고
스르르 녹은 가슴

무슨 앙금 그리 많아
인생길 갈래갈래

걸음마다 가득가득
눈물 사연 남기느뇨

우치로 맺은 인연
세상만사 버릴 텐데

참음은 간 곳 없고
진에가 웬말인가

탐진치 삿된 번뇌가
삼독의 근원인 것을

* 탐진치貪瞋癡 : 탐욕(貪欲)과 진에(瞋恚)와 우치(愚癡), 곧 탐내어 그칠 줄 모르는 욕심과 노여움과 어리석음. 이 세 가지 번뇌는 열반에 이르는 데 장애가 되므로 삼독(三毒)이라 함.
* 진에瞋恚 : ①노여움 분노 ②삼독(三毒)의 하나.
자기(自己) 의사(意思)에 어그러짐에 대(對)하여 성내는 일. 성을 내는 마음의 작용(作用)
* 우치愚癡 : 어리석고 못남. 어리석고 미욱함

간이역

코스모스 들국화
소담스럽게 피어 기차가
오갈 때마다 자지러지는 곳

작은 꿈을 싣고 떠나는
그대들을 위해
손을 흔들며 눈물을 훔치던
추억이 뒹구는 이곳은

이별과 만남이 갈마들던
공존의 광장
길손은 모닥불 사그라지듯
오롯이 사라지고

초췌한 역사만 덩그러니 남은
옛 풍경에 기대어
추억을 담는 유객들은
사진 한 컷으로
세월을 넘어 쉽게 역장이 된다.

간신히 부지한 곳도

굉음을 내며 스치는 엑스나
촉같이 지나갈 뿐

기적소리 사라진 이곳엔
이별의 눈물조차 말라
뽀송뽀송한데 풍요의 갈 향
실없이 코끝을 여전히 스친다.

간이역에서
꿈을 싣던 추억의
칙칙폭폭 사라지고 없는데

국화

첨단을 걷는 세월
장인匠人도 어찌할 수 없는
독특함을 자랑하며
갈잎이 춤을 추는 길목에 피어

저마다의 색과 향으로
덫을 놓아 걸음을 멈추게 하고

쉬 떠나지 못하도록
멍에를 씌워 이름을 얻지 못한
초라한 소객의 마음을
훔쳐 가려 마라

요염한 자태를 지닌
풋풋한 여인의 암향 같은 향을 내며
다가서는 꽃이여!
취하지 못할 설움을 감내해야 하는
주인 없는 꽃이여!

화려해도 쓸쓸한데
화려해서 쓸쓸한데

외로움에 젖은 이 밤을 어슬렁거리다
불한당 같이 길을 막으며
초로의 마음을 빼앗으려고도 마라

낙엽이 가는 길목에
무서리를 맞으며
홀로 피는 아린 이유야 뉘 아랴
흰 눈이 내리면
너 또한 그리울 테지만

덧없음을 참으며
붉은 낙인이 찍힌 서러움을 참으며
심해의 침전물처럼
가라앉아 있는
고요한 마음을 휘휘 젓지도 마라

군자라면

고요한 마음 냇물 같고
청산 같더니
치자의 언행에 한 생각 불끈 치솟아
여우 빛에 천둥치 듯
흰 구름 속 번개 치듯 해도
지혜롭지 못해
내려놓지 못하는 댓진 같은 소견에
선약을 먹어볼까
향수를 발라볼까
창도 칼도 방패도 없는 중생의
백랍 같은 마음
망우리 고개에 숨어
밤새 우는 바람 소리처럼 슬프다
청집을 지키는 그대
한순간도 마주하기 싫었건만
새 머슴을 자처하는 이들마저
어찌 모두 한 모양인가,
오래 남을 이름 없을 듯해
고향 산천에 피를 흘리고
백골로 나뒹구는 원혼처럼 슬프다
수괴란 자가 귀중한 나랏일을
반벙어리 축문 읽듯 해도
제 속은 있겠지만
나라 있으매 내가 있으니
어이 이 글을 남기지 않으리

그대가 군자라면
긴 세월 시린 땅을 떠돌며
목숨도 마다하지 않은
그들 앞에 나서
부끄러워 어이 눈물을 머금는가,
진정이었던가 묻고 싶네,
그대 자유를 갈망하는 자들의 이목을 가리고
북녘을 향한 뜻 이루지 못한 채
설핏한 석양을 등지고 서서
빈 가슴 두드리며 그러지 말게
그대나 나나
그들 앞에 무릎을 꿇고 활 복을 해도
어느 누구 안타까워할 리 없을 테니
하는 말일세,
치자여!
그대가 진정 군자라면
내 한 생각
내려놓으면 걸림이 없을 것을

* 군자는 "불우불구不憂不懼" 즉, 근심할 것도 두려워 할 것도 없다. 왜냐하면 내성불구內省不疚, 곧, 스스로 살펴서 부끄러움이 없기 때문이다.

탐닉

확고한 의지 없고
명확한 입장 없이

타인을 끌어들여
함부로 말을 말고

남들을
앞에 두고
날 칭찬 하지 마라

일시적 환심이야
헐뜯는 일만 하랴

중치막
걸친 빈사
옳은 말 신청 않고

숭고한 인간애는
분전에 침닉되어

미소에

온갖 근심
깃들어 있건 많은

진실을 왜곡한 채
뜻이라 여기면서

헛되고
삿된 일에
이름을 걸어 놓고

욕망에 사로잡혀
잘난 척 요란 떨다

탐욕과 쾌락에 빠져
고행길을 가누나

* 빈사貧士 : 가난한 선비.
* 신청信聽 : 믿고 곧이들음.
* 중치막中致莫 : 벼슬을 하지 않은 선비가 소창옷 위에 덧입는 웃옷
* 분전分錢 : 푼돈.
* 침닉沈溺 : 깊이 빠져듦

인생

스스로 인정하지 못하는
열등감으로
자신의 존재를 드러내려는
한 생각 끝에
만사가 일어나니
한 치 가슴 속
마음을 잘 다스려
남과 비교하지 않는 것이
삶의 기술이다
작든 크든
내 것이 생겨 얽매이게 되면
평화로운 안녕은 점차 멀어지고
한 생이 끝나는 그 날까지
탐착으로 인한
오욕락의 욕망에서
벗어나지 못한 채
이상향을 꿈꾸다
천당 극락을 원하는 것처럼
불행이 이어질 것이다
그것이 곧
우리들의 인생이니

열등감에 빠져
남과 비교하지 마라
날든 추락하든 정답은 없다

* 탐착貪着 : 만족(滿足)할 줄 모르고 사물(事物)에 집착(執着)함

* 이상향理想鄕 : 사람이 상상(想像)해 낸 이상적(理想的)이며 완전(完全)한 곳

작야昨夜

낙숫물 소리에 밤 풍경 하나
까만 캠퍼스에 펼쳐 놓다
장맛비 교활함에
여름밤을 쪼든 새
구름에 슴베 같은 부리를 닦으니
후덥지근함을 안고 다시 찾은 밤과 맞서
합죽선 가없는 사이로
드문 바람 솔향처럼 달고
목청을 가다듬은
왜가리의 절규 드높은 밤하늘
구름 사이 여우별 하나
짝을 찾는 숲속의 반딧불이
같이 아름다운데
삼강나루에
마지막 나룻배 다녀오니
밤안개 낙동강 둔덕에서 이는구나

* 작야昨夜 : 어제의 밤.
* 슴베 : 칼, 괭이, 호미 따위의 자루 속에 들어박히는 뾰족하고 긴 부분.

바람꽃 길

서산 노을은
붉게 물든 단풍과 타다 지고
구름 사이 빛나는
이지러진 달빛
천년바위에 부딪히는
파도 같은 삶
역경을 못 이기고
사금파리가 된 신뢰에
까만 가슴
하얗게 태운 사랑
그대 곁에 머물게 두고
계절을 따라나선
나그네
바람꽃 길을 걷는
누더기 같은 심정
아린 마음 둘 곳은 어딘가

소확행

우리네 삶
만족한 즐거움이 지속되려면
자극이 더 커져야 하니
추구하기보다
자제할 줄 알아야 하나
이를 망각한
인간의 집요한 욕망이 행복이다
그러나 행복은
오래가지 않으니
우월감에 빠지지 마라
내 삶은 내가 사는 것
나는 나 자체로 멋지고 훌륭하며
너는 너 자체로 멋지고 훌륭하니
타인에게
비교하지 마라
부자보다
닥친 일을 대처해
편안한 마음이 지속될 때
삶에 만족을 느끼는
긍정적인 소소한 기분이 행복이다
삶을 실천하는
그대처럼

가을 나그네

도타운 정을 남기고
눈물조차 말라
달그락거리며 마지막 가는 길에

슬픔을 참지 못해
나그네 어깨를 툭툭 치며
시비를 거는 갈잎,

시린 향으로
비탈길을 막아서는 들국화,
상풍에 서걱이는
더펄이 같은 갈대가

붉은 추억을 남긴 마음
얼마나 아린지 알려나.

깡마른 풀숲의 노래
가을을 입에 문 세월은 알려나.

바삭거리는
고뇌의 삶을 짊어지고
안개 낀 새벽길을 걷는
나그네 마음을 가을은 알려나

더펄이 성미가 침착하지 못하고 덜렁대는 사람

친구여

입술이 파랗도록
물장구치다
돌 나 들 마당 바위에 놀던
동무들은 어드메 사느뇨

세월을 사르는
저 강물은 늠연히 흐르다
넘는 바위를 지나 용당에서
숨을 고르는데

삼호 정 백석 정에
징 장구 울리고
나룻배 띄워 화전놀이 하던
청춘들은 어디로 갔느뇨.

산수를 좋아하고
백초를 희롱하며
강과 산에 이는 바람을 음미하고

낮이면 꾀꼬리
밤이면 두견새 애절하니

임이 그리울 땐 달과 별을 사랑하고

요산요수를 즐기며
개다리소반에 박주산채면 족하지

병풍 같은 기암괴석 아래
강물이 흐르고
낙락장송 우거진
수려한 도원을 두고 어디로 갔느뇨

강바람 산바람
장수 바위에 걸터앉아
상념에 잠긴
초로의 성성한 백발을 빗기는데

* 늠연凜然 : 위엄(威嚴)이 있고 씩씩함

오월(1)

찔레 향 그윽한
공곡엔 적막강산인데

산 꿩이 우는소리
범의 포효처럼
쩌렁쩌렁 산을 울리고

계곡물 늠연히 흐르니
방아 찧는 소리
더할 나위 없는 오월

마파람이 치맛단을
흔드는 오솔길에
엉덩이를 실룩거리며
샘터를 오갈 때마다

분내가 진동해도
말 한마디 건네지 못하고

문디 자석아
숙맥처럼 보리밭 가에 앉아
휘파람만 불고 있다

* 공곡空曲 : 인적이 드문 쓸쓸한 산모퉁이.
* 늠연凜然 : 위엄이 있고 당당하다

오월(2)

화려하든 산야는
찔레꽃 머리에 머물지 못하고

푸른 옷을 갈아입고
여주의 행어를
무심히 따라가고

참수리 나는
창공의 흰 구름
난운을 무심히 찾아가니

우희조 우는 솔밭
천년바위에 걸터앉은
무심한 나그네

평종을 접지 못하고
삶에 지쳐
시린 가슴 열어젖히고

아카시아
찔레꽃 흐드러진
오월을 만끽하며 향수에 젖는다

* 여주의 행어 : 여왕의 행차
* 난운亂雲 : 비나 눈을 내리게 하는 구름을 이른다
* 우희조憂喜鳥 : 근심과 기쁨의 새

사색思索

행하지 않으면
기회는 오지 않는다.

사나이 갈길 막는
태산이면 넘어가고

강이라면 건너
주저하지 말고 가라

실패를 두려워 말고 꿈을 품으로 가라
좌절도 하지 말고 포기도 하지 마라

행하지 않으면
기회는 오지 않는다.

물의 근원 벨 칼이 없듯
근심 없앨 약이 없다
무소의 뿔처럼 혼자서 가라

만물의 근원인 물
바다를 그리워하듯

젊은이는 사랑을 그리워하고
늙은이는 도타운 정을 그리워하며

사랑하는 이는 임을 품고
암흑은 세상만사를 품는다

서정

천년을 피고 지는
꽃무릇처럼
보고 싶어 그리워해도
시간은 마음의 크기와
같을 수 없으니
엇갈린 운명에 인연 없어도
나의 운명
너를 찾으러 가리다

화염을 향해 날아드는
불나방처럼
자멸을 재촉하는 길이라도
높은 파도에 부서지는
포말 같은 인생사
고무줄 없는 번지 점프를 타듯 했어도
진실을 향해 가리다

지혜보다 느낌이 좋으니
경험이 차가운 조언이라 해도
과거에 매여
자물쇠 없는 감옥에서

헤어나지 못하는 삶이 싫어
아린 상처의 부스럼을 긁어
거망빛 피를 흘려도
인습과 편견을 버리고
사랑의 빛으로 다가가
포강에 비친 나를 보듯이
너를 생각하는 마음
꺾지 않으리라

지언을 하지 마라
선과 악을 지향하는
인간의 본성은
남에게 들키지 말아야
아름다운 것이나
남이 알면 인의와
도덕을 갖춘 식견은 무너지고
소인배로 치부되지만
이미 나는 너를 향한 일념뿐이다

벗어 놓고 내려놓고
민달팽이처럼 걸친 것 없이
알몸으로 살면 천당 극락 갈거나
일구일갈에 깨달음의 삶을 살면
천당 극락 갈거나
깊이 없는 지언은 하지 마라

뉘 완벽한 삶을 살았으랴
너를 향한 마음
집착도 애착도 아닌
예스러운 소객의 서정 그리움이다

* 거먕빛 : 아주 짙게 검붉은 빛.
* 소객騷客 : 시인과 문사(文士)를 통틀어 이르는 말
* 서정抒情 : 주로 예술 작품에서, 자기의 감정이나 정서를 그려 냄.
* 일구일갈一裘一葛 : 한 벌의 갖옷과 한 벌의 베옷이라는 뜻으로, 아주 가난함의 비유. 갖옷, 짐승의 털가죽으로 안을 댄 옷.

봄바람

화창한 봄
연서를 전하러 흐드러진
꽃잎을 스쳐오며

회색빛 도시 작은 뜰에
파리하게 돋은 풀잎 빗질을 하며
초로를 유혹하다

그윽한 향 머물게 두고
자취를 감췄어도
너를 향한 연정 남아 가슴이 일렁인다.

달뜨게 하는 봄날이여!
침전된 마음
휘휘 젓지를 마라

피고 지는 꽃잎에
눈길 머물다
돌아선 아쉬움은 정이었나 보다

꽃가지에 머물다

홀연히 떠났어도 사랑이었나 보다

얼기미에 담은
좁쌀 같은 세월에
아픔 하나
간직하지 않은 이 어디 있다더냐.

잊지 못할 노을빛 추억
암흑의 강에 잠기어
가슴 깊이 간직한 아픔
삭히고 있으니

횃대를 치며 울어
잠든 해를 깨우지 마라

지난날의 과오에
대가를 치르며 오늘을 산다

능모치 마라
고치고 바로잡아 거듭날 것이니

* 능모凌侮, 陵侮 : 업신여기어 깔봄.

나룻배

저 강을 함께 건널 때까지
행복할 줄 알았건만
저만치 이별이 와 있으니
이 마음 어이 염연할 수 있으리오.
그대 언약 없이 떠나가
서시같이 예쁜 해어화를 꺾겠지만
나는 잊을 수 없어 돌아올 날 기다리며
괜찮아 괜찮아하며
그리움을 참다가
한꺼번에 쏟아지는 눈물은 왜인가요,
괜찮다 괜찮다 하며
느꺼움을 참다가
한꺼번에 쏟아지는 눈물은 왜인가요,
붙잡아도 뿌리치고
나룻배에 올라 손을 흔드는 님 야속해
밤마다 죽노를 품어도
이지러진 달빛에 어린
신운을 보다
한꺼번에 쏟아지는 눈물은 왜인가요,
그대 없는 세상을 살게 하지 말아요,
함께하기 역겨워 떠났더라도

타관의 삶 힘이 들면 돌아오소서.
삶이 겨워 복받치는 서러움도
삶이 벅차 흐르는 눈물도 격을
갖추어야 하나요,
언제까지 밤마다 세레나데를 불러야 하나요,
그리움으로 흐르는
눈물의 강 휘루가 더해져
마르지 않아도 염려 말고 오소서
순수한 마음 살얼음 디디는 듯해
두뭇개 계선에
떠나실 때 타셨던 나룻배 매어두고
상앗대 꽂아 둘 테니.

* 계선繫船 : 배를 항구 따위에 매어 둠. 또는 그 배.
* 염연恬然 : 모든 것 잊어버린 편안한 마음. 마음이 이해(利害)에 좌우(左右)됨이 없이 안정(安定)함
*염연恬然하다 : 욕심이 없이 마음이 흔들리지 아니하다.
* 죽노竹奴 : 여성이 사용하는 것
* 신운神韻 : 고상하고 신비스러운 운치.

매화타령

철부지 악동 남매의
연주와 험악한 노래는 이어지고
끊어진 한줄기 길은 뱀 허물처럼
하늘하늘 희미하게
민둥산을 넘어가는데
한 많은 철책은 칠십객이 되어
백골이 나뒹구는
천혜의 땅에 가로누워 근골을 드러낸 채
야위어 가는 칠월
자유와 평화를 갈망하는
담쟁이넝쿨은 등을 달구는 햇살에
개 혓바닥처럼 늘어져 훈풍에 나부끼건만
현실에 대한 분노를 담은 부정이
왜인지 모르는 듯
장맛비 다가오는 남녘
청개구리 울듯 하는 금화 숲엔
수괴가 되고 싶어
치자가 되고 싶어
풋머루 같은 말들을
팔매질하듯 실없이 허공에 던진다.
탁란하는 뻐꾸기도 양심이 있는가,

매화 국화도 한철인데
천하를 걱정한다고 하겠지만
우민과 나라를 위한
철학을 가진 진정한 지도자가 머물
둥지를 넘보지 마라
진정한 부끄러움은 주제다
불타는 야욕과 위선으로
제 흉은 덮어두고
남의 흉 들추어내어 게거품을 물며
민초들의 눈과 귀를 가려
더 강해지려는 것은 현실에 대한 분노를
파악하지 못하는
그대들의 초라한 인격이다
칠월의 첫날 잇따르는
속된 생각 버릴 곳 없어
아침 이슬을 차며 위선으로 가득한
황량한 길을 나서
하늘을 우러러 외친다.
탁란하는 뻐꾸기도 양심이 있는가,

* 매화梅花타령 : 주제에 맞지 않는 같잖은 언행을 조롱하며 이르는 말.
* 수괴首魁 : 못된 짓을 하는 무리의 우두머리.
* 치자治者 : 한 나라를 다스리는 사람.

세우細雨

촉촉한 대지
푸르른 장막의 리허설에
고무된 하루

노랑 저고리
분홍치마 입은 임 찾아 나선
희뿌연 길

주현蛛絃 같은
어느 준령을
넘어오는지 보이지 않아

세우에 젖은
꼬부랑 소객 겨워할 때
좋아하는 벗
언 마음 하나둘 하롱거려도

상춘이 꿈뿐인 봄
돋보기 너머
제비 봉접 날고

길섶 포강에
올챙이 꼬물거리면
코끝에 그윽한
매화 향 숨어 살다 가고 없겠지

* 세우細雨 : 가랑비
* 하롱거리다 : 말이나 행동을 다부지게 하지 못하고 실없이 자꾸 가볍고 달뜨게 하다.
* 주현蛛絃 : 거미줄.

오늘

풍진 세상
내일 일은 모르니

오늘같이 좋은 날
배려와 용서,

긍휼의
마음을 지니고

부끄럽지 않은
언행을 하면

가장 행복한 날이
되지 않겠는가

한 치 속으로
괴는 그대들이여!

* 긍휼矜恤 : 다정히 사랑하며 측은히 여김. 가엾게 여겨서 돕는 것
* 괴다 : 사랑하다

삶

황혼의 초상은
완성이 된 듯한데

운運은
차사가 잡아간 듯하고
임은 삼천포로 가
돌아오지 않으니

티끌 같은 복에
슬픔과 근심 태산 같던 지난날들
깊고 아파 잊으려고

마음을 다잡고
앙증맞지 못한 삶 아쉬워해도

대통으로 세상을 보는
안목밖에 없으니

미지를 향해
빈 배는 띄워 무엇 하리

무지를 탄하며
화양연화는 바라지 않으리라

* 초상肖像 : 사람의 얼굴이나 모양(模樣)을 그림으로 그리거나 조각(彫刻)으로 새김

말세

너의 아픔으로 내가 살고
나의 아픔으로 네가 살다

성성한 백발 오니
인仁의 마음과
예와 의는 사라지고

우매하다
업신여기고 얕잡아 보며

편벽된 언행과
새촘한 눈빛으로 보는
타락한 세상 역겨워해도

싸늘한 북방 하늘 차디찬 별
무심히 멍든 가슴을 비추니

백골로 나뒹구는
소라 껍데기 같은 세태에
앙상한 볼을 적시며
고편을 하며 지새는데

그대의 혼魂은
귀양살이를 보냈는가,

어이해 정의가 사라진
끝판에 이른 세상을

입은 닫고, 작은 것 작은 소리
보고 듣지 말며
무상무념으로 살라 하느뇨

* 仁(어질 인): 어질다, 자애롭다, 인자仁慈하다
* 우매하다愚昧 : 어리석고 사리에 어둡다.
* 조촐하다 : 아담하고 깨끗하다. 행동, 행실 따위가 깔끔하고 얌전하다.
* 편벽하다偏僻 : 생각 따위가 한쪽으로 치우쳐 있다. 또는 정상에서 벗어날 정도로 지나치다.
* 고편苦鞭 : 극기하기 위하여 수도자가 자기 몸을 스스로 때리는 채찍.

유혹

화려하고 매혹적인
자태를 하고
백발이 성성한
나의 창을 두드려 뭣하려니

고운 걸음 고맙지만
행여 굳게 닫은
창호를 열어 보고도 그리하겠느냐

좁은 골목 창가에
서성이며 유혹을 해도
본체만체할 것이니

풋풋한 청춘들이
머무는 곳으로
주저하지 말고 가거라.

너는 오고 가지만
한번 간 내 청춘은
일자 무소식이니
차라리 너도 맞이하지 않고

기다리지 않을 것이다

매혹적인 자태에
향을 담은
봄의 전령들이여
초로를 유혹하지 말고
그냥 돌아가거라

연민

화려한 욕망으로
치닫는 혼돈의 봄
그대 보고파
가슴 뜨거워지니

나비야 만화만 어르지 말고
내 마음속에 핀 꽃 지지 않으니
해어화 찾으러 함께 가지 않으련,

벌아 거창한 꿈 내려놓고
재 넘고 물 건너
가련한 꽃 찾으러
상춘길 함께 가지 않으련,

꽃은 피었을 때 아름답고
사람은 고운 마음을 지닌
사람이 아름답다고 하지 않더냐.

혁혁하진 못해도
내 마음 비길 때 없이 고우니
나와 함께 가지 않으려나

* 혁혁赫赫하다 : 공로나 업적 따위가 뚜렷하다

나그네(2)

휘영청 밝은 달
안중에 없이
맑은 빛 가려버린
무심한 구름,
국화 향 비탈진 길을 막아도
남몰래 골 깊은 한숨을 쉬며
돌아서서 허랑타는
인사도 없이
손때 묻은 천만사 제쳐두고서
갈잎을 밟으며
나는 동쪽 고향을 가고
너는 서쪽 비구름 찾아간다
송림의 부엉이 울음 듣고 흘리며
무서리 찬바람 개의치 않고
솔뿌리 얽힌 옛길을 따라
쉼 없이 길을 가는
우린 나그네

* 허랑虛浪하다 : 언행이나 상황 따위가 허황하고 착실하지 못하다.

철 이른 탄생

땀방울의 여정
까마득해 그늘을 찾는

나그네 발자국 소리
아랑곳하지 않고

풀숲에 귀뚜리
첫울음 우렁찬데

길섶에 핀 코스모스
뙤약볕에 세들하고

고추잠자리 줄풀에 앉아
망중한을 즐기다

포강에
동심원을 그린다.

숲속 선음에
여름은 깊어가고

드높은 파란 하늘
구름 동동 한가롭다

철 이른 탄생
문명의 탓인가보다

* 포강 : 연못, 저수지, 둠벙의 방언

나의 사계여

걸림이 없는 사계는
수려한 자태로 갈마들며
할 일을 다하는데

숨어 사는 바람같이
안주하지 못한 채
마음 한켠 비우지 못한 소객을
매혹적인 자태로
유혹해도
사욕에 사로잡혀
너의 존재를 누리지 못하고

눈길 둘 곳 없어
아스라이 먼 허공만
허허로이 바라보는 무지렁이처럼

계책計策이 없는
삶이 싫어 누더기 같은
관념의 껍질을 벗고
불생불멸의 마음으로
도원 같은 너를 맞으리다
아! 나의 사계여

* 계책計策 : 계교(計巧)와 방책(方策) 일을 처리(處理)할 계획(計劃)과 꾀
* 불생불멸不生不滅 : 태어나지도 않고 없어지지도 않고 항상 그대로 변함이 없음.

침묵

인생사 깨어진 질그릇처럼
한갓 없다지만

사랑 속에 이별이 숨은 줄 알았다면
하룻밤 풋사랑인들 함께 했으리요.

이별 뒤에 그리움이
숨어 있는 줄 알았다면

사랑한단 말은
하지 않았을 것입니다

세월 따라 변하는 게 인간인 줄 알았다면
쉬 인연도 맺지 않았을 것입니다

임이여! 시도 때도 없이
죽 끓듯 하는 임이시여,

떠나는 뒷모습이 아름답고
잃어버린 것이 아름답다지만

이지러진 시린 달빛에
윤슬로 빛나다

환석에 부딪쳐 사라지는
포말 같은 사랑보다

수평선 아래 파란 여백의 티로 남은
외로운 섬처럼 남으렵니다.

이별이 싫어
안녕을 빌며 말없이 홀로 사르렵니다

객수客愁

풀 먹인 삼베적삼 흠뻑 젖어도
이마에 흐른 땀 연신 훔치며
합죽선 바람으로 시름 달래다

말 많고 탈도 많은
훤한 대낮 눈이 무서워
서산 그림자 들녘에 길게 눕고
이지러진 초승달 서녘에 뜨면

달빛 어린 물방앗간 계곡에
하얀 속살을 담그고
부러울 게 없는 듯 망중한을 즐기다
한숨을 몰아쉬며 상념에 잠긴다.

물방아 절로 돈다 한들
방아확에 넣을 곡식 넉넉지 않아도
타관에 간 임은 어제인 듯 여전한데

소쩍새 외울음 끊이지 않는
층층시하 그늘에서
모깃불 타듯 속만 태우다

삼경의 밤, 임이 그리워 달로 뜬 마음

임이시여 피죽을 끓인대도
무망지복 바라지 않을 테니
객수로 떠돌지 말고
마음이 동하는 날 길 채비해 오소서

* 망중한忙中閑 : 바쁜 가운데에서도 한가(閑暇)로운 때
* 방아확(방아호박) : 방앗공이로 찧을 수 있게 돌절구 모양으로 우묵하게 판 돌. 방앗공이가 떨어지는 곳에 묻어 그 속에 곡식을 넣고 찧거나 빻는다
* 층층시하層層侍下 : 부모父母. 조부모祖父母가 다 살아 있는 시하(侍下)
* 무망지복毋望之福 : 뜻하지 않게 얻는 복.
* 객수客愁 : 객지에서 느끼는 쓸쓸함이나 시름.

뜬세상

뜬세상 아름답다고
바짓가랑이를 잡는 못난 임아
인의 도덕 다 버리고
오르고 또 오르면
못 오를 리 없겠지만
압축된 그곳의 빛 잠시 잠깐뿐이니
부질없는 짓 하지 말게나,
후안흑심 버리지 못하고
젠체한 척 언어유희로 진실을 왜곡하며
허공 같은 풍진세상
내 뜻과 다르다고
나 아니면 안 될 듯이 나서지만
진산이 모났다고 허물 수 없듯
옳고 그름 분별 못 하는
우민을 다스림은 최선이 덕인 것을
꿈속 같은 뜬세상에
뻔뻔한 낯짝 들이밀고
덕 없이 말 앞세우니 뉘 그대 따르리.
운명에 휘둘린 삶
무엇이 그리 비굴하게 했는가,
소천 같은 야욕과 분노를 끊고

철면수심의 탐심을 버리면
일신 안녕할 터인데
내 흉은 덮어둔 채
후흑을 앞세우고
남의 흉 들춰내어 시비를 가리며
조국과 우민을 향한 철학도 없이
나 아니면 안 될 듯이 나서
고상한 말로 뜻을 이뤄
어리석은 우민들에게
명성 얻어 뭣하리.
덧없는 인생사
뜬구름을 잡은 손바닥 같은 것을

* 뜬세상(-世上): 덧없는 세상.
* 후안흑심厚顔黑心 : 후흑厚黑. 낯가죽이 두껍고 속이 검다. 뻔뻔스럽다.
* 언어유희 言語遊戲 : 말이나 글자를 소재로 하는 놀이, 내용 없는 미사여구나 현학적인 말을 늘어놓는 일.
* 철면수심厚颜无耻 : 후안무치하다. 뻔뻔스러워 부끄러움이 없다.

약상弱喪

고향을 떠나 꿈을 쫓다
고향을 잃어버린 파락호
꿈결에도 그리워
쿵쾅거리는 가슴 달래려
앙가슴 치며 울다 지쳐 쓰러진 밤

동아줄 같은
그리운 마음 새재 넘어
고향에 가 있고
물새 우는 도원 같은 강촌
고목에 핀 꽃 향과
강물에 어린 달과 별 고택은 그대로인데

성졸한 마음
사사로운 감정에 얽매여
술에 취한 듯
낮 꿈을 꾸는 듯 분잡해
향수조차 잃어버릴 것 같은
하찮은 약상의 존재

소원해 하룻밤 여숙 할 곳이 없어도

낙동강 강물에 드리운
수려한 산수에 묻혀
정양하고픈 마음 금할 길이 없구나

* 성졸性拙하다 : 성품이 너그럽지 못하고 소견이 좁다
* 약상弱喪 : 고향을 떠나 타향을 방랑하는 것
* 소원疏遠하다 : 지내는 사이가 두텁지 아니하고 거리가 있어서 서먹서먹하다.
* 정양靜養 : 몸과 마음을 안정하여 휴양함.

등대

장승과 진또배기처럼
모진 비바람
차디찬 눈보라를 맞으며
희망의 불을 밝혀
나의 길을 인도하는
반쪽의 뜰에 우뚝 선 등대여
거친 풍랑 몰아치는
아득히 먼 바다에서
반기는 불빛을 보고도
자유를 갈망하는 나는
구멍 난 쪽배를 타고 울고
춘삼월 만화로 뒤덮인
얽매이지 않은 산하는 웃어도
살얼음이 낀
외나무다리를 건너며
군신들의 장요작태를
보지 않으려고 해도 봐야 하고
듣지 않으려 해도 들어야 하는
안타까운 삶을
스스로에게 묻지만
반쪽의 뜰은 나의 삶터이자

고향이기에 고통 속에서도
싫다는 말과
슬픔을 내비칠 생각은 없다
자유와 평화
행복을 갈망하다
꿈과 목적지를 잃은 것처럼
사상과 이념을
이해하지 못한 채
느꺼움을 참는 것도 모자라
가물거리는 등댓불조차 꺼질세라
노심초사하는
못난 자신이 미워
피눈물의 곡성으로 피운
만화가 가득한 산하를 보며
자유를 잃은 자들의
불가촉不可觸의 족쇄가 싫어
티끌 같은
정을 남기려고 스스로에게 묻는다

* 장요작태妝幺作態 : 시침을 떼며, 짐짓 어떠한 체함.

봄바람

볼을 에는 바람에
잔설의 눈물
채 마르지 않았는데

아득히 먼 곳에 있는 듯하더니
낙엽과 매탁한 동아
기지개 켜고

봉긋한 선홍의 꽃망울
젖꼭지처럼 불거져
설레게 하네,

따스한 햇살에 꽃을 찾는
봉접을 보며 시상에 젖어도
고매하지 못한
소객의 붓끝은 가슴을 난도질하니

바람아 불어라
창파에 파도야 넌 바위를 치듯
내 가슴을 쳐다오.

봉접이 어르는
꽃은 피며 웃고 나는 늙는데
어이 피는 꽃을 보고
웃음이 나랴만

소객의 눈물
봄바람에 마르면
가녀린 꽃잎 한들한들 떨어지겠지

지친 몸
산산이 부서지는 듯하고
설레는 마음 달랠 길 없어 헤매는데
봄은 와 뭣하누

* 매탁媒託 : 미리 굳게 언약(言約)을 맺어 둠, 또는 그 언약(言約)
* 동아冬芽 : 겨울눈, 늦여름부터 가을 사이에 생겨
겨울을 넘기고 이듬해 봄에 자라는 싹.
* 고매高邁하다 : 인격이나 품성, 학식, 재질 따위가 높고 빼어나다.
* 소객騷客 : 시인과 문사(文士)를 통틀어 이르는 말.

춘분

이분의 일로 찾아왔다
다시 온다는 말 없이
홀연히 떠나도 애착도
집착도 없는 그런 만남인 것을
바람으로 맴돌며
견딜 수 없는
날을 붙들고 왜 아파하는가
허물어진 청춘
호접몽 같이 되었는데도
묻은 미련이 남아
설늙은이 얼 것 같은 쉰 새벽
녹슨 칼을 들고
빌딩 숲을 헤매느뇨.
부끄러워
지난 세월이 부끄러워
어이 봄꿈을 꾸랴만
명예도 재물도 좇지 말고
반반인 오늘 같은 날
차라리
부지깽이라도 거꾸로 꽂아두자

* 호접몽胡蝶夢: 나비에 관한 꿈이라는 뜻으로,
인생의 덧없음을 이르는 말
* 혁혁赫赫하다 1.공로나 업적 따위가 뚜렷하다.
2. 빛 따위가 밝게 빛나다.

무제 無題

나만 잘살면 된다는
이기적인 사고방식을 고치지 않고
조국과 우민을 위한
철학도 없이 이념의 사욕을 가진 자들이
나라를 이끌면 잘 살 듯해도
긴 세월 겪어보지 않았는가,
타인의 티끌에 칼을 대고
자신의 허물에 관대한
치졸하고 비루한 행동을 해도
영원히 앉을 좌상 없거늘
거듭날 생각하지 않고
삿된 생각에 꽂혀 정사를 그르치며
지혜 없이 실없는 짓만 하다
잔월을 헤는 못난 중생은 처음 본다
하지만 바른 것은 늘 사악한 것에 가로막혀
잘 드러나지 않는다 하나
그런 일은 없었던 것 같다
특정인이 싫어서가 아니라
잘못된 일은 인정하고
부끄러운 줄을 알아야지 철면피처럼
오히려 옹호하는 모리배 같은
그들의 잘못된 사고가 싫어서다
풍진 세상을 비판하며
감정이 아닌
지성과 이미지를 중시 하나

마땅히 행해야 할 도리도 못하며
천하를 걱정한다고 하겠지만
우리가 진정
부끄러워해야 할 것은 바로 이런
초라한 인격인 것이다
못생기고 못 배우고 가진 것 없다고
고양이에게 생선을 맡겨 놓고
지나온 세월도 모자라
걱정만 하고 살 것인가
현실에 대한 분노를 눈으로 보고 느끼며
참는 것만 능사가 아니라
선택의 여지가 없지 않은가
자유의 둥지에 탁란하는 인면수심을
겪는 것이 현실이니
저들은 어쩌면
우민들을 손아귀에 넣고
휘두르기 위해 가난해지기를
바랄지도 모를 일이니
이제 고양이 아가리가 아니라
호랑이 아가리를 면치 못할 것이다.
잘 나가던 나라 꼬락서니가
가스 찬 똥자루 같아도
돈에 꽂힌 세상의 사고를
바꿀 재간이 없으니
물어보지 않아도 뻔한 일 아니겠는가.
사회주의 사상과
이념이 뼛속까지 베인 자들이
국민의 길잡이가 되겠다고 나서

팔불출 같은 짓만 하고 있으니
머잖아 가스가 빠지면
정신 차릴 것이나
우민들의 고통이 또 얼마나 클 것인가
녹을 먹는 자들까지 불법을 자행하며
자신들의 배부터 채우려 하니
꼴볼견이 아닌가,
붉은 야욕에 자유를 품은 천혜의 땅
선혈이 낭자해도
진산 위에 구름 하나 노을에 젖어있다
내일을 이을 희망의 징검다리
장맛비에 묻혀
먼 길을 재촉하는 소리 요란해도
비 그친 풍진 세상 먼 하늘에 유성우 날고
산야엔 이슬 내리니
조국과 우민을 위한 인제를 찾아
비익조를 닮은
천혜의 땅 위를 언제 한번 한 몸 되어 날아보랴

* 인면수심人面獸心 : 얼굴은 사람의 모습을 하였으나 마음은 짐승과 같다는 뜻으로, 남의 은혜(恩惠)를 모름, 또는 마음이 몹시 흉악(凶惡)함을 이르는 말, 사람의 도리(道理)를 지키지 못하고 배은망덕하거나 행동(行動)이 흉악(凶惡)하고 음탕(淫蕩)한 사람
* 비익조比翼鳥 : 암수의 눈과 날개가 각각 하나씩이어서 짝을 짓지 않으면 날지 못한다는 전설상(傳說上)의 새

초로의 사계

설매 이화 피고 지고
찔레꽃 머리에 놀다 잠든 초라니
밤꽃 향에 취해 나긋나긋함도
언제 그랬냐는 듯 세춤하니

허물 같은 중의 적삼 걸치고
합죽선을 든 못난 중생
복더위에 늘어진 쇠불알처럼 덜렁거리다

베짱이 매미 울음에
시름은 달랜 둥 만 둥 한데
비탈길 풀숲은 물이 들어 시들하다
귀뚜리 슬픈 노래에
물든 나뭇잎은 고와도 울상인데
들국화 방긋방긋 웃으며 피고

다듬이소리에
가을걷이도 끝나지 않은
들녘 변방에 철새
군무 장관을 이루다 잦아드니

어스름한 장천
회색빛 구름 속에 맺힌 설화
꽃망울을 터트리니 이지러진 달 희미한데
흩날리는 꽃잎을 헤치며

가로 나는 외기러기
뜻 모를 울음 울 제
불거진 육신 마디마다 아려도
밤마다 꾸는 꿈은 낙동강을 건너고
창호의 등불은 긴긴밤 깜박이며
초로의 서재를 밝힌다

타관의 삶 녹녹하지 않아도
사계 홀로 오가니
허허로워 창호를 열고 설야에 취해
처량한 콧노래만 흥얼거린다

봄

남루한 행색 흘겨보며
옷깃을 헤집던 매몰찬 혹한
길채비 분주하니

처마 끝 고드름
이별이 서러워 눈물 흘리며
설한 삶을 접고

마파람에 꽃망울
긴 산고 끝에
선홍 꽃잎 파르르 떤다.

상춘 길
외로움을 달래던 나그넨
하늘을 우러러

봄날이 오면
그까짓 봄날이 오면 뭣하누
연거푸 읊조리다

정한의 삶 느껴워
주저앉아 꺽꺽 흐느낄 때

어머니 손길 같은 훈풍이
들먹이는 어깨를 다독인다

착각

매화가 피고 질 제
울면서 떠나더니
낙엽이 흩날리고 황국이
피고 지고
서리꽃 설화 피어 절경을
이뤘으나
엇갈린 운명이라 미투리
돌려 신고
버들을 심어놓고 망상에
젖었는가,
어느 별 품에 안겨 오시지
못하고서
낮이면 남녘 하늘 뜬구름
쳐다보고
밤이면 오두막 뜰 만정한
달을 보며
옷깃을 여미면서 지난날
돌이키다
그리움 참지 못하고 보고파서
울겠지

* 만정滿庭 : 뜰에 무엇이 가득함. 또는 그 뜰.

빈 잔

달빛 가득한 뜰 개다리소반에
정안수 떠 놓고서
곧은길 가기를 염원하며
장한 뜻 세우기를 바라다

불현듯 떠난 님 하도 그리워
부르다가 목이 메어
당신을 생각하며 술잔을 들다

너무나 보고 싶어
눈가에 이슬 맺혀 흘러내려도

하이얀 손수건 건네는 이 없고
술잔에 그대 모습 자꾸 떠올라
어쩔 줄 모르다

쓰디쓴 잔을 비워버린 것은
내가 사랑하는 사람을 택하지 말고
나를 사랑하는 사람을 택해야 만이
행복한 인연임을 깨달았지만

정든 님 가고 없는데
장한 뜻을 세워 어디에 자랑하고
곧은길을 가 무엇하리요

애원하듯 불러도 대답이 없어
슬픔을 참으려 애를 쓰다
빈 잔을 놓고 홀로 앉아서

사랑이 이런 건가
이별이 이런 건가 곱씹으며
울다가 웃다가
빈 잔을 놓고 홀로 앉았네

노을

곱고 아름다운 노을
뜰 때와 질 때뿐이니
달과 별의 사연 다할 때까지
긴 밤 지새야 하고

온종일 잠시도 쉬지 않는
생의 치열함을
기다려야 볼 수 있는 미학이며
저만치 동 서녘
변방의 생과 사 일상이니

열정이었던 오전
이글거리던 오후의
고마움은 밀쳐두고
무심히 곱고 아름다움만 만끽하나

필설로 다하지 못할
출생의 기쁨과 생을 마감하는
삶의 아름다운 초상이다

감내하기 겨웠던

고해의 삶이었어도
탄생은 그러하였으니
근본을 잊지 않고 살다

삶의 마감도 노을처럼
곱고 아름다웠으면
얼마나 좋을까

원점을 지향하는 하늘하늘한
아쉬운 삶의 궤적
성황당에 걸어 놓고

노을이 물든 예순령을 넘어가는
길목에서 회한에 젖는다

* 궤적軌跡/軌迹
1. 수레바퀴가 지나간 자국이라는 뜻으로,
물체가 움직이면서 남긴 움직임을 알 수 있는 자국.
2. 어떠한 일을 이루어 온 과정이나 흔적
* 회한悔恨 : 뉘우치고 한탄함.

마음

언제 한번 무시로 이는
마음 쉬어볼까
소천 같은
심오한 마음에서 이는
가엾고 불쌍히 여기는 마음
옳지 못함을
부끄러워하고 착하지 못함을
미워하는 마음
겸손하여 받지 아니하거나
응하지 아니하는 마음
옳고 그름을 따지는 마음
마땅치 않게
여기는 나쁜 마음
좋아하는 대상을 갖고 싶어
구하는 마음
육체에 이끌리는 마음
쉼 없이 일어나도
노여움과 그릇된 생각을 품고 있어
세상의 그 어느 것도
온전하게 볼 수가 없는 것을
자신을 초월하려는

정념을 통제하는 것이기에
인의예지를 사람으로서
갖추어야 할 마음가짐을 부여했으나
사람은 착해질 수도 있고
악해질 수도 있으며
순수하게 선하고
악함이 없을 수 있어도
마음과 감정에 대한
성정의 심오함을 깨닫지 못한 채
온갖 탐욕으로 흐려져 있는 마음을
밝고 맑게 하지 못해
자신을 경책하지만
참 마음을 지녔어도
이학이 전부이니 겉만 핥다가
책상머리를 떠나자니 몹시 아리다
그러나 만족하다 여기면
지금도 만족하고
부족하다 여기면
어찌 만사에 만족함이 있으리오

* 정념情念 : 감정에 따라 일어나는, 억누르기 어려운 생각.
* 경책輕責하다 : 가볍게 꾸짖다

중년

눈 깜짝 세월 가고
중년이 되어 값없는 흰머리
서러워 홀로 울어도
속속들이 말 못 하는 서글픈 마음

어느 누가 잘했다
칭찬도 없고
다독이는 이도 없을 뿐
알뜰살뜰 챙기는 이도 없다.

낙심했다 용기를 가졌다
밤이면 술에 취해
몸도 마음도 흔들려 비틀거리며
철 없는 행동하다

성근 별 기울고
미물의 울음마저 잦아든 밤
궁벽한 둥지로 돌아와
조용히 돌아누워
베갯잇 적시는 심정을 알 리 없는

이게 중년이라면
무엇 하러 멀고 먼 여기까지 와서
텅 빈 가슴 부여잡고

모진 고통을 삭히며
하루하루 세월만
까만 숯덩이로 만드는가

내 마음 나처럼
알아주는 이 없고 청춘이 그리워도
지나간 과거란다
그게 삶이란다
허허로운 그게 세월이란다

서하의 밤(2)

장맛비 오락가락하는
여우 빛에 곱게 물든

서녘 변방의
붉은 노을 미약해지니

땅거미 스멀거리며
맏뜻을 이루지 못한

부끄러움을
가려 위로해 주니

용열하지 못했던
묵은 체증 씻은 듯해

귀뚜리 슬피 우는
들국화 피는 길목에서

솥 적다 우는
금조 야살 궂지만

풍진세상 안보이니 좋아서
한가로이 별들을 바라보다

계곡물 소리 들으며
천년 솔에 기대어

시를 읊으며
갈마드는 시름에 젖는다

* 맏뜻: 처음 먹은 마음. 초지(初志).
* 야살: 되바라지고 앙증맞은 언동. (~궂다, ~떨다)
* 용열容悅하다 : 남의 마음에 들도록 아첨하여 기쁜 모양을 하다.

욕심

욕심은 마음을 가려
번뇌가 끊이지 않고

화의 근원이라
마음이 맑지 못하며

욕심은
인연에 따라 생겨
과보를 짓게 됨을 깨달아야 하나

헛된 욕심 속에
모든 행동을
사악한 일로 일괄하니

욕심의 티는
주머니 속 송곳 같아
가릴 수 없으며

욕심은 끝이 없고
같은 실수를 반복해도
채울 수 없다

담백한 박주산채로
연명하더라도

욕심을 없애는 것이
근심에서 벗어나는 것이다

맵짜지 못한
이목을 씻고

내 뜻이 크다 하여
정도를 어기면서까지
뜻을 이루려 하지 마라

정도를 가면
걸림이 없고
마음이 맑아 두려울 것이 없다

길

세상살이 힘들고
끝이 없는 고해의 길이어도
잠시도 멈추지 않으리.

꽃잎이 떨어지는 날에도
낙엽이 지는 날에도
북풍한설에도 쉬지 않고 가리

시작과 끝이 서로 달라도
누구나 맞이하는
별같이 무수한 날들

초라한 삶과 내 자신을 괴는 마음으로
무소의 뿔처럼 혼자서 가리

바람이 불어도 눈비가 내려도
한세월 다 가도록 안개가 덮여도

내가 가는 발길이
주어진 운명의 길이라면
질곡의 삶 슬퍼하지 않고 가리

길을 따라 익어가는 만상을 보며
가을바람 스치는 길섶 귀뚜리 소리에
눈물을 훔치며 가리

소설 같은 얘기를 남기고
피죽도 못 얻어먹은 듯한 파리한 살빛으로
부엉이 울음 듣고 흘리며 가리

한평생 가시밭길이라도
인생길 두렵지 않은 듯
야릇한 미소를 짓지만 역경 속에서도 가리

모든 것을 잘할 수 없었기에
한 점 부끄러움을 남긴 채
잔년을 해며 조붓한 나의 길을 가리

* 만상萬象 : 온갖 사물의 형상

삶의 기술

최고를 지향하며
채움부터 알아가는
배움의 끝은 올곧게 행함이나
세상에 지지 말라는 것은
자신의 외침을 듣고
조절하라는 것이지
욕심을 가지라는 것이 아니다
자신의 그릇만큼 담되
집착하지 말고
비우고 채움의 지혜로
세사에 꺾이거나
찢기지 마라
누군가에게 죄를 짓는다.
삶은 교만과 오만보다
겸양이 우선이다
이치를 저버리지 말고
초심을 잃지 마라
삶의 언저리엔 쥐고 있지 않고
놓아도 될 곳이 무수히 많으니
계영배의 뜻을 새겨
이를 좇지 말고

의를 좇는 삶을 살되
아름다운 마무리는
처음의 마음으로
돌아가는 자신의 순수한
존재 이유이며
과욕은 불명예만 남을 뿐이니
세상에 지는 것이다

* 계영배戒盈杯 : 잔의 7할 이상을 채우면 모두 밑으로 흘러내려 버려 '넘침을 경계하는 잔'이라는 속뜻이 있는 계영배는 과욕을 하지 말 것을 보여주는 상징물이기도 하다.

아상我相

귀에 걸면 귀거리
코에 걸면 코거리
배배 꼬인 꽈배기 꼬듯 하며
진실 거짓 양단수에 꼴갑을 떨지 마라
양수겹장 치지 마라
이래도 알고 저래도 알걸
묻어 놓고 덮어놓고 똑 부러진 말 못하고
얼버무려 버티다가 어물쩍거리다가
구렁이 담 넘듯이
넘어갈 일들을 보란 듯이 토닥이네,
교언영색 앞세우고
자신은 자랑하고 남들을 멸시해도
의연하지 못하고서
공교한 잡놈들 틈에 끼어 못 볼 꼴 듣고 보며
이래도 한세상 저래도 한세상
속아 사는 세상살이
덧없다 부질없다 괜스레 할까 보냐
좋다 싫다 말 못하고 한세상 살아가며
일상이 지루한데
근심 걱정 없이 살면 무슨 재미
잡놈들 꼴도 보고 개돼지 꼴도 보며
없으면 없는 대로
있으면 있는 대로 웃으며 사는 거지

빈대살이 하듯 하며
근심 걱정에 매여 살면 그 또한 무슨 재미
이것저것 털어버리고
헛웃음이라도 웃고 사세
잘 나나 못 나나 제 명대로 사는 것을
가타부타 왜 하는고.
인생길 가다 보면 소도 보고 말도 보고
설중매 잠시보다 흐드러진 봄꽃보다
한여름엔 웃음꽃 오상고절에 눈물 꽃
한량없이 좋건마는
거짓과 위선으로 시절 없이 피어있는
꽃 중의 꽃 황금꽃은 헛꽃만도 못하고
곧지 못한 사연 생각
한결같이 각각이고
세상에 맺은 인연 만사가 욕심인 것을
유리걸식 머잖은 데
몽상가들 뜻을 모아
삼언시호 설파하며 백발 초로 희롱 마라

* 아상我相 : 사상(四相)의 하나. 오온(五蘊)이 화합하여 생긴 몸과 마음에 참다운 '나'가 있다고 집착하는 견해를 이른다. 자기의 처지를 자랑하여 남을 업신여기는 마음.
* 교언영색巧言令色; 남의 환심(歡心)을 사기 위(爲)해 교묘(巧妙)히 꾸며서 하는 말과 아첨(阿諂)하는 얼굴빛
* 공교하다工巧: 솜씨나 꾀 따위가 재치가 있고 교묘하다.
* 삼언시호三言市虎: 사실이 아닌데도 말하는 사람이 많으면 듣는 사람은 이를 믿는다.

무정

눈 덮인 진산에
저 솔은 늘 푸르고 아름다운데

화양연화의 꿈에 젖어
미망과 집착에서 벗어나지 못해

덕을 쌓지 못했고
신뢰가 없어
마음을 얻지 못했어도

삶의 무게에
등은 휘고 백발이 소복한
고해의 삶이 싫어

냉혹한 설한에
연가시처럼
겨우살이처럼 숨어들어

발대를 꽂을
숙주를 찾지 못한 채
바람에 날리는 송라처럼

설국의 들녘에서
노루 꼬리만큼 남은 잔년의
길을 찾는 초로에게

이별 통고를 하고
돌아서는 무정한
님의 뒷모습 같은 세월이 애석하다

* 화양연화花樣年華 : 인생에서 가장 아름답고 행복한 순간을 표현하는 말
* 진산鎭山 : 각고을의 주산
* 미망迷妄 : 사리에 어두워 갈피 잡지 못하고 헤맴.
* 숙주宿主 : 기생 생물에게 영양을 공급하는 생물.

갈등

천국 같은 곳에서
고운 삶을 살며
천사 같은 마음을 지닐 수 있다면

갈등이란 미묘함에 갇혀
해결의 실마리를 찾지 못하고
대립과 모순으로
뒤엉켜버린 상황을 풀지 못해

왼쪽과 오른쪽으로
서로의 주장만 옳은 척
우듬지를 향해 기어올라도
잎과 줄기가 무성한 넝쿨의 그늘엔

자유로운 영혼인 민초는
천국이라 한들 살 수 없음을
그대들은 왜 모른단 말인가

답이 없는 무모함이
화려한 꽃으로 피어
만천하에 지탄받는 모습을 보고도

변하지 않는 자세로
번성하기를 바라지 말게나.

너와 나 우리는
자유가 깃든 세상 더 좋은
세월을 거슬러 가며 산다는 것을
잊지 말기 바라며

그대와 내가
함께 살아가야 할 우리의 터전은
진정 어느 한 곳만
무성하기를 바라지 않으니

고난의 길이라도
함께 가길 염원하며
지나침은 아니함만 못하다는 것을
잊지 말게나

인생무상

한때의 부귀영화
저만치 던져두고

피골이 상접한 몸
불길에 타오르며

단 서푼 여비 들고
멀고 먼 길 떠나가니

영혼이 가는 곳
극락천당 묻지 마라

허공에 나부끼며
어딘들 못갈쏘냐

묘오妙悟

지지리 운 없음을
탓하지 말고
지지리 복 없음도
탓하지 말며
부귀와 내 몸의 안녕도
바라지 마라
만사 천상에서 나는 것이니
스스로 장점을 찾아 살되
남들 보다
조금 못하다 해서
거짓과 위선을 앞세우지 마라
너와 나 모두가 잘나서
내가 없어도
세상은 멈추지 않는다.
채우고 덜어내며
세상사 덧없다 말고
깃털처럼
지혜롭게 살자
천국과 극락 같은 좋은 곳의 삶
마음속에 있으니
구구히 찾지도 묻지도 마라

* 묘오妙悟; 깨달음.

나를 부르지 마라

얼어버린 고요 속에
너덜너덜한 넝마 같은
추억의 삶을 어루만지는
동지의 밤

창호에 스며드는 찬바람에
초라니 수고채 메듯 가물거리며
삼경이 다 대도록
나 대신 눈물을 흘려도
감동할 시 한 자락 펼쳐놓지 못하는데

곧은 자존을 지킨다고 한들
무지함을 어이 자탄하지
않을 수 있으랴만
산 수국의 헛꽃만도 못한
부끄러운 삶

붉은 노을을 보며
애석해하지 않았고
별 촘촘한 밤하늘을 보며
먼 길 떠난 임 그리워

눈물을 철철 흘려 보지 않았으니

못난 인생 누구를 위해
살아야 한단 말단 말인가,
무거운 삶 이제 곧장 가야 하니
역방향에서 나를 부르지 마라

* 수고채 메듯 : 하는 짓이 경솔하고
방정맞게 까부는 모양을 비유적으로 이르는 말

탄식歎息

산 제비 가을빛을 사르는
서녘 변방엔
석양을 가로지르는 외기러기
이정표 없는 길을
마른 울음 울며 날고

정한을 묻은 진산엔
물든 단풍 비길 데 없이
수려한 해거름

땅거미 스멀거리는
들녘엔 고개 숙인 결실
갈바람에 일렁이니

들국화 자지러지는
들녘 한켠엔
하루의 생을 마감하는
슬픈 존재들의
마지막 탱고 흥겨운데

수많은 날들

허리 굽혀 일한 흔적 없고
거둔 것 없으니
가을 찬 서리야
좀 맞으면 어떠랴마는

허허로운 감정
미처 가라앉기도 전에
골 깊은 한숨
끊이질 않는 것은
흉내만 내며 비뚤비뚤 살아온 삶

백초에 묻혀 살며
덕을 쌓지 못한 허름한
못난 중생을 뉘 거두어 주랴

무치無恥는 아닌지라
눈물을 삼키며
이 밤의 끝을 잡고 시름에 젖는다

* 무치無恥 : 부끄러움이 없음.

가을 편지

앙상한 가지 끝에
남긴 정 아쉬워
이별의 눈물 채 마르지 않은
선홍빛 갈잎
책갈피에 끼우고

구절초 향 짙은 찻잔
마주 놓고 앉아
담소하던 보고픈 그대에게
깡말라 서걱이는
수취 불명의 편지를 쓴다.

임이여 그대의 뜰에
서슬 퍼런 서리
흰 눈 소보록하게 쌓인 혹한이
심히 걱정스럽나이다.

절기를 막지 못해
마음 아리니
가랑잎 긁어모아 덮으시고
서운타 말고 견디소서

그대 사랑하는 마음
영원불변 하나이다
내 사랑하는 그대 어머니

친구야

덧없이 흐르는 물처럼
옷깃을 스치는 바람처럼
흘러가는 세월
두레박 떨어지듯 하니
어쩔 줄 몰라
혼자 가라 일렀거늘
경 읽기니 막을 수도 없고
잡을 수도 없는데
그대는 어이
거들먹거리며 분주한고
마음만 청춘이지
육신도 청춘인가
짧은 인생
마음먹기 따라 다르다지만
현실에 대한 분노로
무의미하게 살며 객기 부리지 말고
천덕꾸러기처럼 살지라도
늘어나는 약사발 잘 챙겨
꽃같이 좋은 세상
세세하게 찾아 만끽하며
보란 듯이 살다 가세나

비애悲哀

세상 이치 그냥 두고
만리풍을 머금은 나룻배에 오른
너를 보내며 목메어
잘 가라는 말 한 마디 못하고 돌아서서
눈물이 흐를까 봐
고개 들어 먼 하늘별을 보며
추낭 같은 널 잊으려 한다면
잊히면 정말 좋겠으나
남은 정 아쉬워
차마 잊히지 않을 것 같으니
어쩌면 좋겠니.
한량이 같은 모습을 지내보지 않고
나를 통해 사랑이란
언어를 조탁해 낸 너와 헤어져
너의 모습 볼 수 없어도
사랑하는 너를 잊는다는 게
가슴이 너무 아파 영원히 잊지 않을래
너를 잊느니 차라리 내 자신을 잊겠어
사랑의 근원인
너의 고마움을 알고
나 자신의 실체를 알았으니

하루를 살아도
위대한 목적을 이루며
이상적인 삶을 살아내는 하루살이처럼
해어지지 말고
하루하루를 살아내며
내일을 향해 함께할 수 있었으면 좋겠어
도탑지 못한 탓에
뜬구름 같은 삶 유토피아를 찾지만
올바르지 않다면
어디 간들 행복한 삶을 이을 수 있겠어
빈대살이 같은 삶
오나가나 괴는 마음으로
모자람은 채워주고 잘못은 포용하며
삿된 일 자제하여 선을 넘지 말아야 하나
사사로움을 참지 못해
손때 묻어 반질거리는 매듭
실없이 팽개치고
내 곁을 떠나는 것만으로 충분히
행복한 일이라는 너에게
고상한 말이 들리겠냐만
행복은 멀리 있는 것이 아니야
내 가슴에 아직
형형한 눈빛 남아 있으니
너 없는 세상에서 홀로 울기 싫어
영원히 잊지 않을래

* 비애悲哀; 슬퍼하고 서러워함. 또는 그런 것.
* 추낭錐囊;주머니 속에 있는 송곳이란 뜻으로, 재능(才能)이 아주 빼어난 사람은 숨어 있어도 저절로 남의 눈에 드러난다는 비유적(比喩的) 의미(意味)
* 괴는 마음 : 사랑하는 마음
* 조탁彫琢 : 보석과 같이 단단한 것을 새기거나 쫌. 문장이나 글 따위를 매끄럽게 다듬음.
*형형熒熒하다; 작은 빛이 자꾸 반짝거리고 있는 상태

인연

바람아 구름아
차향 좋은 카페에서
쉬어가지 않으렴,

걸림이 없는 너랑
아련한 추억
얘기하고 싶어 청하나
단호하게 잘라매니

홀로 앉아
따스한 찻잔 매만지며
게슴츠레한 눈
촉촉해도 달래는 이 없어

이별의 설움 비에 젖은
파초잎으로 덮으며
그리움으로 남겨질 인연
상처 없기를 바라나

괴는 마음 우련해
눈물만 하염없이 흐른다

* 우련優憐 : 특별히 가엾게 여김

초막

춘삼월 언약하고
초행길 떠나가며

눈물에 얼룩 젖어
갈 곳을 물을 테니

낙엽이 지는 뜰에
대자리 펴지 말고

사립문 닫아건 채
출입을 자제 커라

구절초 들국화 향
울 경계 필요 터냐

진산에 달 돋으니
관솔도 켜지 마라

빈사의 궁벽한 삶
금조들 본다 해도

띳집에 박주산채
흉허물은 아니며

평종을 접지 못한
걸사보다 나을 테니

* 빈사貧士 : 살림이 구차한 선비.
* 평종萍蹤 : 부평초가 떠다닌 자취라는 뜻으로,
각처로 유랑함을 이르는 말.
* 걸사乞士 : 옷 한 벌과 발우 하나로 살아가는
얻어먹는 선비

이곳에 살고 싶다

고운 울음 울며
천국 같은 곳에 태어나

이념이 빚은
오해와 갈등 속에
고집과 아집은 꺾지 않고
정의는 팽개친 채

사상과 이념을 부르짖으며
자신들의 야망을 위해

합당치 않은
얄팍한 명분을 앞세워
속고 속이며
비수 같은 말 함부로 뱉고
헐뜯고 업신여기며

내 몸에 티끌 하나
작은 가시 하나 박힌 것도
싫어하며 사는 것이
나의 삶이고 그대들의 삶이라면

조국을 위해
헌신할 각오와 철학도 없이
좁은 식견을 내세우지 마라

무지해도 만용을 않고
허구와 허상이 없는 진실로
타인을 배려하고 용서하며

따뜻한 가슴으로 안아
작은 미소로 녹이며
절대 강자도 영원한 약자도 없는
자유의 온정이 가득한 이곳

조상의 얼이 담긴
아름다운 우리의 터에서
진정 함께 살고 싶다

들풀처럼

녹을 먹는 자들은
지위 고하를 막론하고 화려한
거벽이라 해도
지금의 자리를 감사히 여기며
최선을 다하는 귀한 이도 있고

허울 좋은 곳에 앉아
우각 같은 공명심에 젖어
소중함을 잃어버린 채
금수만도 못한 행동을 하는
천하디. 천한 이들도 있으니

예쁜 여자 멋진 남자보다
좋은 사람을 볼 줄 알아야 한다.

그러나 높고 낮음의 중요함보다
꼭 필요한 곳에서 영향을 끼칠 수 있는
소중한 존재가 되어
자신의 삶을 영위 하는 것이지
어떻게 생겼으며 어디에 있느냐가
중요한 것은 아니다

천한 일을 하며
행색이 남루하다 해서
인품조차 낮추어 보는 것은
도량이 없는 그들의 문제이지
자신의 문제는 아니니

좋아해도 싫어해도
슬퍼하지 말고
새벽을 알리는 바람에 눕는
들풀처럼 살자
나 또한 그들보다 나은 것이 없으니

이유 없이 가슴속에
불을 붙였다 껐다 하는
뭇사람들의 삿된 심보를
개의치 않는 삶을 살자

폭풍우에 쓰러져도
의연함을 잃지 않는
그리울 틈조차 없는 들풀처럼

* 不患人之不己知 患不知人也.
(불환인지불기지 환부지인야)
남이 나를 알아주지 않음을 걱정하지 말고,
내가 남을 알지 못함을 걱정하라.

쭉정이

화려한 봄
건듯 왔다 간 뒤
연록 잎
잠시 푸르다 멈추고
퇴색한 갈잎
찬바람이 비질하니
하늘을 찌를 것 같던 욕망
서운케 무너진다.
적든 많든
나누어 가질 결실을
담지 못한 채
또 다른
계절을 맞이하려니
섭섭함
금할 길 없어
홀씨 날아가는
먼 하늘 쓸쓸히 바라보다
허허로운 마음
달래며 사색에 잠긴다

허위虛僞

사상과 이념에
물이 들어 허위로 어리석은
자를 속이며

행하지 말라는 준칙을
낙으로 삼으니

사상과 이념의 뿌리는
헛뿌리인 듯해도
뽑기 어렵고

사상과 이념의 근원은
거짓 근원인 듯해도
막기 어렵다

인의仁義와 이륜彝倫으로
몽매함을
깨우쳐 주지 못하는
무지함을 자탄하며

허위를
자허하길 바랄 뿐이다

* 인의仁義 : 어짊과 의로움
* 이륜彝倫 : 사람으로서 떳떳하게 지켜야 할 도리.

가을 나그네

도타운 정 남기고
눈물조차 말라
달그락거리며 마지막 가는 길

슬픔을 참지 못해
나그네 어깨를 툭툭 치며
시비를 거는 갈잎

시린 향으로
비탈길을 막아서는 들국화

살랑바람에
서걱이는
더펄이 같은 갈대가

붉은 추억을 남긴 마음
얼마나 아린지 알려나.

풀죽은
풀숲의 노래

가을을 입에 문
세월은 알려나

바삭거리는
고뇌의 삶을 짊어지고

안개 낀 새벽길을
홀로 걷는
나그네 마음을 가을은 알려나

* 더펄이 : 성미가 침착하지 못하고 덜렁대는 사람

상춘

꽃길을 걷는
화사한 봄 몸과 마음
벌 나비 같은데

곱디고운 꽃잎
남루한 어깨 위에 내려앉아도
님 향한 고운 시어는
꽃 속에 숨어 찾을 수 없고

봄볕 상춘에
화주 생각 간절치만
뉘 집 아랫목에
홑이불 덮어쓰고 익고 있는지

꽃 향에 취해
술 익는 향 맡을 수 없어
마른침을 삼킬 때

초가 굴뚝
저녁연기 스멀거리니
향수에 젖어
타박 걸음 정처 없네

나그네(4)

하늘아, 망망대해야
너를 향해 두 팔 벌려 소리치다

때론 넋을 놓고
슬픔에 잠긴대도
살아있는 한 세상은 내 것이다

부를 갈망하다
사랑을 갈구하다

움도 싹도 없는
메마른 가슴 사늘해지기 전에
다시 한번 씨를 뿌리자

나그네 살아 있는 한
천국 같은 광야는 내 것이다

움을 지르지 마라
세월아, 깝치지 마라
꿈이 살아있는 세상은 내 것이다

* 움도 싹도 없다 : 장래성이라고는 도무지 없음
* 움을 지르다 : 자라기 시작하는 세력이나 힘 따위를 꺾어 버리다.

분별심

내 진정 울림으로
갈채를 받으려는 것이 아니다
다만 해방과 육이오
보릿고개를 겪은
온전하지 못한 땅에
산다는 사실을 잊은 채
쉽게 선동당하는
국민들이 많은 나라
치욕의 삼십육 년
잃어버린 칠십 년을
아! 잊으랴
어찌 그날을 잊으랴
반쪽의 뜰은 지켰다지만
원통한 마음 풀 길 없고
보릿고개를 겪은 지 오래지 않거늘
현실을 직시하지 못하고
말로만 되뇌는
초라한 국민성을 어찌하리
분별심이 없어
삿된 사상과 이념에
물든 자들은 만연해지는데

이 나라가 처한 본질을
제대로 파악하고
깨닫고자 하는
마음과 생각은 조금도 없이
예의범절조차 없는
젊은이들이
망념에 잠기면 반쪽의 세상은 끝장이다
우리가 사는 뜰에
씨앗을 뿌리고 심은
밀밭 보리밭에 가라지와 논에 피가
본능적으로 도생해 함께 살아도
알곡이 될 수 없으므로
언젠가 뽑아내야 할
심판의 대상이란 것을 잊지 말아야 한다

* 가라지 : 볏과의 한해살이풀. 줄기와 잎은 조와 비슷하고 이삭은 강아지풀과 비슷하다. 밭에서 자란다

붓끝에 핀 꽃

붓끝에 핀 꽃 중에
매란국죽을 사랑하니

모란, 목련, 벗, 연화
모든 꽃, 입을 내밀고

촉규화 비켜 간 인연
애석해할 제

대밭 솔밭엔 들러리 서러워
밤낮으로 탄식하니

소객은 바늘방석에 앉은 듯
가슴 조리다

수려함을 자아내려니
붓끝마저 떨리네

붓끝에 피는 꽃이여
소객의 가슴을 녹이는 꽃이여

심혈을 기울인 캔버스의 사랑
아쉬움으로 기억되지 않고

추억 속에 머물 때
아름다운 것을 잊지 마라

* 촉규화蜀葵花 : 접시꽃

가을밤秋夜

초로의 몸은
아침이슬 같고 목숨은
저녁노을 같은 쓸쓸한 가을

떨어지는 낙엽처럼
생사의 길엔 형제도
벗도 신도 동행할 이 없겠지

쉼 없이 갈마드는
온갖 생각 싸늘한
달처럼 홀로 외로운 밤

하늘하늘한
잿빛 욕심은 골수를 파고들어
밤마다 우려도 허사이니

사념에 빠지지 않으려
끊임없이 스스로 돌아보며
집착에서 벗어나

진흙 속에서 피어나도

물들지 않는 연꽃처럼
물을 묻히지 않는 연꽃처럼

자신감을 가지고
타인의 지팡이와
목발에 의지하지 않으려 애를 쓰다

기화요초 같은
생각에 붙들려 있는 세상사
끈 떨어진 지연과 같으니

자신을 타인들 보다
한 치도 낫다고 생각하지 않고
젠체한 척도 않으리라

갈바람이 불어도
심오한 뜻이 담긴 고운
마음 하나 손에 쥐어줄 수 없으니

* 기화요초琪花瑤草 : 옥같이 고운 풀에 핀 구슬같이 아름다운 꽃.

일승一乘

벽산 고찰 어고 소리
물속의 미물을 깨우니

법고 소리에
길짐승 날짐승 깨어나고

범종 소리 세상에 울리니
단잠을 깨어

귓전에 남은 맥놀이에
번뇌를 잊고

법문을 읽고 외며
세속의 삶 영위하려

바른길로 인도하는
목탁은 앞에 놓고

삿된 언행 자제코자
죽비는 옆에 놓고

진흙탕 같은, 세속의 어두움에
물들지 않으려

꽃 같은 청춘 번뇌에 싸여
사뿐사뿐 노닐다

범음梵音을 듣지 않아
깨닫지 못했으니

한식에 죽으나 청명에 죽으나
정토로 가는 길에

벗 없어 원음圓音을 들으며
잰걸음으로 가리다

* 일승一乘 : 중생이 성불할 수 있는 유일의 길
* 승乘 : 중생을 깨달음으로 인도하는 부처의 가르침이나 수행법을 뜻함.
* 범음梵音 : 범음이란 부처님의 말씀을 뜻하며,
* 원음圓音 : 모든 중생이 제각기 능력이나 소질에 따라 이해하는 원만한 부처의 가르침.
* 정토淨土 : 부처나 보살이 머무는 세계로서 오탁의 번뇌가 없어 청정하다는 이상세계. 극락.

붉은 노을

강냉이죽 감자밥이라도
먹을 양으로 민둥산에 기대어 서서
썩은 나뭇가지로
우거진 숲을 슬쩍슬쩍 찔러보는 것을
죽은 어미 돌아온 듯
반기며 호들갑을 떨어도
찌그러진 깡통을 들고
외칠 뿐 어이 문턱을 넘으리.
초연했건만 훈장님 이하 몇몇 수제자와
문하생들은 진짜 인양 믿고
교주처럼 모시며
우민들의 금붙이와 세금으로 굶주림에
눈이 먼 맹수에게
피비린내 나는 고기덩이를 들고
얼러도 먹을 듯 말 듯 하며
쌈지에 빨대를 꽂은 금수들에게
자유를 구걸하는 척 마라
손목을 틀어잡지 않고 귀하게 간직해온 것을
건성으로 버리라고 하는 것을
이래도 알고 저래도 아는 일
저울을 표방하고 잣대를 들면 무엇 하랴

삿된 이념에 물이 들어
윤리를 저버린 이들이 골골마다 활개를 쳐도
우리에 가둘 이 없는데
붉은 노을로 물든 반쪽의 뜰이
천국 갔다 한들 뉘 믿고 살다 가리
차라리 험난한 세상사에
울다 멍든 내 앙가슴에 붉은 낙인을 찍어라

궤변

자신의 사고 잘못을
이치에 닿지 않는다 하여
자신의 뜻을 관철시키려고
그럴듯한 논리를 펼쳐
합리화하려는 것은 다른 목적을 위해
상대방을 속이려는 수작에 불가하다
꿈과 현실이 무시된 세상에서
구할 것이 없고 행복하다면
궤변詭辯을 늘어놓으며
꿈과 현실을 구분할 이유가 있겠는가,
그대들은 오로지
진실과 거짓의 궤변을 구별 못하는
어리석은 우민들만 있으면
나만의 세상이나
이목이 두려워 사상과 이념의 낡은 이불로
자유민주주의를 지향하는
자들의 눈을 가리고 귀를 막아
자신들의 뜻을 관철시키려고
수단과 방법을 가리지 않고
선의善意로 포장한 모리배들의 궤변은
얼핏 들으면 그를 듯하지만
사실을 왜곡하거나 변조해

옳고 그름을 구별 못 하는 이학이 전부인
어리석은 우민들을 선동해
동원하려는 얄팍한 수단에 지나지 않는다.
예나 지금이나 변치 않고
참을 거짓으로 거짓을 참으로 믿는
그들에게 진실은 물 건너갔다
칠십 년 긴 세월 허투루 보내고
지금도 그 자리니
동백기름 곱게 바르고
참빗으로 빗어 가르마를 타는 것이 나을 듯하다
온 곳도 갈 곳도 모르며
머물 곳은 알고 있는가
지금 그대가 머무르고 있는 곳은
진정 머물 곳이 아닌 듯한데
아직도 그 자리이니
이제 낡은 이념 좀 버리게나
세월이 흘러가니 흰머리만 늘어가네

*선의善意: 선량(善良)한 마음. 착한 마음, 남을 위(爲)해서 좋게 보거나 좋은 면을 보려고 하는 마음
* 궤변詭辯 : 궤변이란 도리에 맞지 않는 말을 도리에
맞는 것처럼 억지로 꾸미는 것. 궤변이란 상대방을 이기기 위해 상대방의 판단을 혼란하게 만들거나 감정을 격앙하게 만들어서 거짓을 참으로 꾸미는 것. 궤변이란 옳은 말을 전제로 해서 이상한 결론으로 유도하여 남들이 반박하지 못하도록 하는 것. 궤변詭辯은 얼핏 들으면 그럴듯하지만 따져 보면 이치에 맞지 않는 억지스러운 말이다.

나의 길

시인의 넓고 청정한 마음은
우주를 품고 있어서 세상을
경멸하지 않는 것은
인위적이지 않은 자연을 사랑하기 때문이다
그러나 글을 쓰는 일은 누구나 할 수 있지만
하고 있지 않은 것이다
소소한 일상을 반조해 보면
잘나나 못나나 살아 있는 사람은
광야를 달리는 듯해도
누구나 벽에 부딪히는 순간이
찾아올 때마다 뒤를 돌아보게 된다.
욕심이 앞선 길이었기 때문에
허무한 마음에서다
선비라 해도 인생길에 격물을 논하지 마라
내 눈으로 내가 보며 살아도
세상살이가 무엇인지
종심이 코앞에 오니 막막한 삶에
나 자신이 흔들린다.
눈을 뜨면 남과 같이 움직여도
인생 초반부터 매 순간
휘둘리지 않은 때가 없이 살아왔다

그러나 남의 말을
귀담아듣지 않은 것은 아니다
다만 타인에게 들은 대로 실행하지 않고
나 자신의 생각대로 모든 일을
시행하며 살아서
내 안에 타인의 생각이 들어설
자리가 없었으나
마음이 아려 다짐한 일마다
매번 타인에게
흔들려서 결국은 내어주고 만다.
인생길에 꽃만 피고 지는 것이 아니다
행복을 추구하려는
마음속의 꽃도 피고 진다
모진 마음이 아니라 실패의 아픔이 따르지만
수만은 다짐을 해도 한 번도
실천에 옮겨 성공해본 일이 없다
욕심은 있어도
악착같은 마음과 이기려는
습관이 들지 않아서인지
바보처럼 무너지고 깨어져
사금파리 같은 세월을 몸 건강하게 용케
견뎌왔다는 것을 늦게 깨달았다
다만 시련을 겪었을 때 결단을 내리지
못한 것이 후회는 되나
이제 다짐한 일들을 실천하려는 마음 대신

긴 세월을 이겨온 특유의 근성으로
귀찮아하지 않고 지나온 절절했던 일들을
우려내어 잘 쓰든 못 쓰든
글을 쓰는 습관을 길러냈다
단지 인생길이 너덜길이었기에
상념에 젖기 싫어 쓴 글을 반복해 읽고
퇴고하며 좋은 시어를 찾을 때마다
소소한 행복을 느낀다.
관대해서가 아니라
내 것을 주고도 받지 못하는 좀팽이라도
다행히 남과 다투는 것을 싫어해서
속을 끓이며 살아도 싸우는 일이 없으니
그나마 견뎌온 것 같다
그러나 이제는 고승의 향기가 깃든 듯
욕심도 빨리 가려는 지름길도 생각하지 않고
잔년을 헤며 글 잘 쓰려는 웅심 하나로
터벅터벅 쉼 없이 간다.
시인의 길은 곧 선비의 길이다

* 격물格物 : 사물의 이치에 똑바로 가닿는다는 것을 말함
* 반조하다反照 : 돌이켜 살펴보다
* 웅심雄心 : 웅대한 뜻.

■ 글벗시선158 정재대 두 번째 시집

공존의 강

인 쇄 일 2022년 1월 20일
발 행 일 2022년 1월 20일
지 은 이 정 재 대
펴 낸 이 한 주 희
펴 낸 곳 도서출판 글벗
출판등록 2007. 10. 29(제406-2007-100호)
주 소 경기도 파주시 와석순환로 16,(야당동)
롯데캐슬파크타운 905동 1104호
홈페이지 http://guelbut.co.kr
E-mail juhee6305@hanmail.net
전화번호 031-957-1461
팩 스 031-957-7319
가 격 15,000원
I S B N 978-89-6533-206-0 04810